Sé tú mismo

Hua Hsu
Sé tú mismo

Una autobiografía

Traducción de **Rosa Pérez**

Navona

Primera edición
Febrero de 2024

Publicado en Barcelona por Editorial Navona SLU
Navona Editorial es una marca registrada de Suma Llibres SL
Gomis 47, 08023 Barcelona
navonaed.com

Dirección editorial Ernest Folch
Edición Estefanía Martín
Diseño gráfico Alex Velasco y Gerard Joan
Maquetación y corrección Editec Edicions
Papel tripa Oria Ivory
Tipografías Heldane y Studio Feixen Sans
Imagen de cubierta Anthony Chang
Distribución en España UDL Libros

ISBN 978-84-19552-86-0
Depósito legal B 330-2024
Impresión Liberdúplex
Impreso en España

Título original *Stay true*
© Hua Hsu, 2022
© de la presente edición: Editorial Navona SLU, 2024
© de la traducción: Rosa Pérez, 2024

Para nuestros padres y para mis amigos

«Solo el futuro puede darnos la clave de la interpretación del pasado; y solo en este sentido nos es dado hablar de una objetividad básica en la historia. Es a la vez explicación y justificación de la historia que el pasado ilumine nuestra comprensión del futuro, y que el futuro arroje luz sobre el pasado».

¿Qué es la historia?, EDWARD HALLETT CARR

«Because you're empty, and I'm empty.
And you can never quarantine the past».

«Gold Soundz», PAVEMENT

En aquella época, todo el tiempo que pasábamos al volante nos parecía poco. Habríamos ido a cualquier parte con tal de estar juntos.

Yo siempre ponía mi Volvo. Primero, porque me parecía un acto guay de generosidad, y segundo, porque era la manera de asegurarme de que la música que escucháramos fuera la mía. Ninguno de nosotros sabía cocinar y, sin embargo, acabábamos siempre apretujados en mi ranchera para ir al supermercado de la avenida College, el que estaba a unas seis canciones de distancia. Cruzábamos el Bay Bridge solo para comprar helado, la excusa perfecta para poner otra cinta de mezclas. Una noche descubrimos un Kmart que abría las veinticuatro horas en la 880, volviendo de dejar a alguien en el aeropuerto —la maxima demostracion de amistad—. Media hora conduciendo en plena noche solo para comprar libretas o calzoncillos, y nos merecía totalmente la pena. De tanto en tanto, una melodía pop rayada pillaba a alguien por sorpresa y preguntaba qué era. Yo me había puesto esas canciones centenares de veces, pero aquello era lo que marcaba la diferencia: escucharlas con otra gente.

Los pasajeros tenían personalidades distintas. Algunos pedían ir en el asiento de delante con neurótica vehemencia, casi como si toda su identidad dependiera de ocupar ese sitio. Sammi no paraba de jugar con el mechero, hasta que una tarde prendió fuego a la guantera. Paraag quitaba mis cintas e insistía en poner la radio. Anthony iba siempre mirando por la ventanilla. Quizá nunca estés más cerca de acercarte a alguien que cuando vas en la parte trasera de un coche abarrotado, compartiendo cinturón de seguridad. Me había tomado muy en serio el miedo de mis padres a los puntos ciegos y no paraba de mover la cabeza de un lado a otro para mirar por los distintos retrovisores, fijarme en los coches de los carriles contiguos y, entremedias, comprobar con disimulo si alguien más se daba cuenta de que Pavement era mucho mejor que Pearl Jam. Era responsable de la seguridad de mis amigos y también de su enriquecimiento cultural.

Tengo una fotografía de Ken y Suzy sentados en el asiento de atrás, hombro con hombro, justo antes de que arrancáramos hacia algún sitio. Están sonrientes, masticando chicle. No recuerdo nada del viaje salvo la emoción de irnos a otra parte. Los exámenes finales habían terminado y, antes de separarnos para el verano, unos cuantos pasamos la noche en una casa que estaba a unas horas de Berkeley. La aventura de ir en convoy, como si participáramos en una misión secreta, zigzagueando entre los coches, pendientes del retrovisor para asegurarnos de que todos los demás seguían detrás, cambiándonos de carril con brusquedad o pegándonos demasiado cuando no había nadie más en la carretera. Probablemente me había llevado más tiempo grabar la cinta de mezclas del que se tardaba en ir y volver a la casa. No pasaríamos fuera ni veinticuatro horas. Pero estaba la novedad de los sacos de dormir, de no tener deberes, de despertarnos por la mañana en un lugar desconocido y nuevo, y eso nos bastaba.

En general, era muy habitual ver a Ken sentado detrás. Pasábamos muchas noches dando vueltas por Berkeley, él con la pierna apoyada en la puerta del coche, escudriñando el horizonte en busca de cafés desconocidos, de algún antro apartado que se convertiría en nuestro local favorito en cuanto cumpliéramos veintiuno. Siempre iba demasiado arreglado —camisa, cazadora de marca, prendas que yo no me pondría jamás—, pero quizá solo fuera que estaba listo para lo que pudiera surgir. La mayoría de las veces, un viaje al 7-Eleven para comprar tabaco que duraba una canción.

A esa edad, el tiempo avanza despacio. Estábamos impacientes por que ocurriera algo, matábamos el tiempo en aparcamientos, con las manos en los bolsillos, intentando decidir dónde ir. La vida sucedía en otra parte, solo había que encontrar un mapa que llevara hasta allí. O quizá, a esa edad, el tiempo avanza deprisa; estábamos tan desesperados por tener algo de acción que se nos olvidaba recordar lo que habíamos vivido. Un día se hacía eterno, un año equivalía a una era geológica. El paso de segundo a tercero de carrera auguraba niveles inauditos de confianza y madurez. Por aquel entonces, nuestras emociones siempre estaban por las nubes o por los suelos, a menos que nos aburriéramos, y nadie en la historia de la humanidad había estado nunca tan aburrido. Nos reíamos tanto que pensábamos que nos moriríamos. Bebíamos tanto que descubrimos la existencia de algo que llamaban intoxicación etílica. Yo siempre temía haberme intoxicado con alcohol. Nos quedábamos despiertos hasta tan tarde, poseídos por el delirio, que se nos ocurría una teoría para todo, solo que se nos olvidaba escribirla. Teníamos enamoramientos legendarios que estábamos seguros de que nos dejarían destrozados el resto de nuestra vida. Durante un tiempo, estuvimos convencidos de que algún día escribiríamos la historia más triste jamás contada.

Me acuerdo de escuchar a los Fugees. Recuerdo que hacía fresco. Y recuerdo la mañana siguiente, cuando cada uno surgió de un rincón distinto de la casa y Ken salió a la terraza con una taza de café. «¿Desde cuándo sabe hacer café?», pensé para mis adentros. «Yo también debería saber». Aún tengo una fotografía suya contemplando la mañana, con las nubes reflejadas en sus gafas. Solo las llevaba de vez en cuando, de una manera que lo hacía parecer serio, adulto, pero nunca un empollón.

Después de desayunar —¿qué comeríamos?—, salimos a explorar la playa de arena blanca, aunque hacía mal tiempo. Yo llevaba una camisa de lunares de segunda mano con el cuello raído, una chaqueta marrón de punto y una gorra de rayas amarillas y negras. Solo mis Vans grises databan de un fecha posterior a nuestro nacimiento. Hay una foto en la que estoy agachado como un receptor de béisbol, buscando conchas con aire pensativo. Ken está detrás, inclinado sobre mí y saludando alegremente a la cámara. Lleva una chaqueta azul marino forrada de franela, unos elegantes vaqueros anchos y unas botas marrones. En otra fotografía, está sentado en el borde de una roca alta con aire interesante. «Sácanos una a Huascene y a mí», le pide a Anthony. Él pone una pose de galán mientras yo me inclino sonriendo como un bobo.

Por aquel entonces, te podías pasar años sin posar para una fotografía. Ni siquiera se nos ocurría hacerlas. Las cámaras nos parecían una invasión de la vida cotidiana. Era extraño pasearse con una, a menos que trabajaras para el periódico universitario, lo que hacía que sacar fotos resultara un poco menos *creepy*. Quizá, si teníamos cámara, la usábamos durante los últimos días de clase, en las fiestas o mientras los compañeros hacían el equipaje, aplicando la misma lógica que la de empollar en el último momento. Si alguien intentaba sacarnos una foto, aunque pretendiera ser tonta o improvisada, nos agobiaba igualmente, y posábamos incómodos, porque tenía un propósito; uno o dos disparos como mucho, más parecería obsesivo. Un momento pasaba desapercibido hasta que, meses después, revelábamos las fotos que habíamos sacado en un concierto o una fiesta de cumpleaños, algún acontecimiento digno de documentarse, y entonces descubríamos alguna imagen de amigos preparándose para salir o, si no, una escena cotidiana que se había tirado para terminar el carrete. Lo habíamos olvidado. Más adelante, cuando la fotografía se hizo omnipresente, las imágenes pasaron a ser la prueba de nuestra mera existencia, un día sí y otro también. Registraban un patrón. Cuando hacíamos memoria, empezábamos a dudar de la sucesión de acontecimientos; de si, a falta de material que pudiera probarlo, había ocurrido algo.

Huh ,   Here is the answer :

$$y = (\underbrace{1.20 - 0.02X}_{\text{price}})(\underbrace{50 + X}_{\text{number}})$$

come

~~sales~~ (number of increasing sale)

$$= 60 + 1.2X - X - 0.02X^2$$

$$= 60 + 0.2X - 0.02X^2$$

w a graph

At $1.2 - 0.02 \times 5 = 1.10$ per ice

her income will be maximum

at 60.5

$$\Big]\ y = 60 + 0.2x - 0.02x^2$$

~~60.8 = 0.02(x - 5)~~

$$= 60 - 0.02(x^2 - 10x)$$

$$= 60 - 0.02[(x-5)^2 - 5^2]$$

This year's
world series wa
very exciting.
wasn't it?
Lot t of spectla
play and alway
down to the las
at every extra

	X
60	D
60.18	1
60.32	2
60.42	3
60.48	4
60.5	5
60.48	6
60.42	7
60.32	8
60.18	9
60	10

Dad
10

Cuando mi padre regresó a Taiwán, compramos un par de faxes. En teoría, era para que pudiera ayudarme con los deberes de matemáticas. Estaba en tercero de secundaria, donde, de repente, todo, desde qué instrumento tocaba hasta la versatilidad de mi expediente académico, parecía importante. Unos años antes, en primero, había sacado por los pelos la nota suficiente para saltarme dos cursos de matemáticas y ahora lo estaba pagando. Había alcanzado mi máximo demasiado pronto. En realidad, las matemáticas no se me daban nada bien. Como muchos inmigrantes que valoraban la educación, mis padres mantuvieron la fe en el dominio de los campos técnicos, como las ciencias, donde las respuestas no se prestaban a interpretaciones. No se podía favorecer una respuesta sobre otra porque solo había una que fuera correcta. Pero yo prefería invertir mi tiempo en interpretarlo todo.

Enviar faxes era más barato que hacer llamadas a larga distancia y la presión era mucho menor. No había silencios entrecortados y gravosos. Bastaba con marcar el número del destinatario e introducir una hoja de papel en la máquina, y una copia salía impresa en el otro extremo del mundo. La diferencia horaria entre Cupertino y Hsinchu era tal que, si le enviaba una pregunta a mi padre por la noche, podía tener la respuesta antes de despertarme. Siempre marcaba como urgentes mis preguntas sobre los deberes.

Mi padre me explicaba con todo detalle los principios de la geometría en los márgenes y se disculpaba por si había algo escrito con prisas o poco claro, ya que estaba muy ocupado adaptándose a su nuevo trabajo. Yo ojeaba las explicaciones y copiaba las ecuaciones y las tablas. De vez en cuando, premiaba su prontitud y esmero entremezclando la siguiente tanda de preguntas de matemáticas con noticias sobre Estados Unidos: le contaba que Magic Johnson había hecho público que era seropositivo, le narraba los acontecimientos que habían conducido a los disturbios de Los Ángeles, lo tenía al corriente de cómo les iba a los Giants. También le hablaba de mis entrenamientos de *cross* y me comprometía sinceramente a esforzarme más en el instituto. Le enumeraba las canciones nuevas que me gustaban y él las buscaba en los puestos de casetes de Taipéi y me decía cuáles le gustaban también a él:

Me gusta «November Rain» de Guns N' Roses. La de Metallica también es genial. No he conseguido que me gusten los Red Hot Chili Peppers ni Pearl Jam. Las canciones antiguas reinterpretadas por Mariah Carey («I'll Be There») y Michael Bolton («To Love Somebody») son maravillosas. ¡Los unplug de la MTV son una gran idea!

Siendo adolescente, acabé teniendo mejores cosas que hacer que comunicarme con mi padre por fax. Él aprovechaba cualquier cosa que yo mencionara para acribillarme a preguntas. Describí una de mis clases como aburrida y él cuestionó mi uso del término, observando que «muchos "retos" están emocionalmente "aburridos", pero razonablemente "útiles"». Le comenté que estábamos estudiando los años sesenta en clase de Historia y me preguntó: «¿Estás convencido de que Oswald mató a Kennedy él solo?».

Siempre me pedía mi opinión sobre cualquier cosa. Quizá fuera su intento de prolongar nuestro diálogo. Sacaba los deportes a colación, un tema que yo no creía que le interesara nada en absoluto. Éramos como dos hombres charlando en una ferretería.

¿¡Los Bill no han podido con los Redskin!?
¿Cómo les va a los Nicks? (Knicks)
¡Es o Jordan o Buckley! (Barkley)
Esta Serie Mundial ha sido espectacular.

Siempre que yo tenía una semana de vacaciones, mi madre y yo íbamos a verlo a Taiwán. A veces intentaba parecer agobiado con los estudios para que quizá resultara más lógico que fuera él quien viniera al Área de la Bahía de San Francisco en vez de ir nosotros. Nunca daba resultado. Pasábamos los veranos y los inviernos en Hsinchu; transcurrían semanas en que las únicas personas con las que hablaba eran mis padres y sus amigos adultos.

Siempre temía aquellos viajes. No entendía por qué mis padres querían volver a un lugar del que habían decidido marcharse.

Mi padre se marchó de Taiwán para afincarse en Estados Unidos en 1965, con veintiún años, y tenía casi el doble cuando volvió a poner un pie allí. En esa época, los taiwaneses se marchaban si podían, sobre todo si eras un estudiante prometedor. Otros doce estudiantes se graduaron en Física junto con él en la Universidad de Tunghai y diez terminaron haciendo carrera en el extranjero. Mi padre cogió un avión en Taipéi e hizo escala en Tokio y Seattle antes de llegar a Boston, y allí buscó entre la multitud al amigo que había ido a recogerlo al aeropuerto desde Providence para llevarlo a Amherst.

Pero su amigo no sabía conducir, así que, a su vez, había prometido invitar a comer a otro tipo, un hombre que mi padre no conocía, a cambio de que lo llevara al aeropuerto de Boston, después a Amherst y, por último, de regreso a Providence. Los dos jóvenes recibieron a mi padre en la puerta de llegadas, lo saludaron con un par de palmadas en la espalda y se lo llevaron rápidamente al coche. Metieron todas sus posesiones —principalmente libros de texto y jerséis— en el maletero y, después, pusieron rumbo al barrio chino de Boston, un portal de regreso a un mundo que habían dejado atrás. La camaradería y la buena voluntad eran razones más que suficientes para conducir durante horas para recoger a alguien en el aeropuerto; igual de importante era la proximidad del aeropuerto al tipo de comida que no podía conseguirse en las pequeñas ciudades universitarias del noreste.

En los años siguientes, mi padre, un desplazado voluntario en tierra extranjera, adquirió una serie de características que podrían haberlo distinguido como estadounidense. Vivió en Nueva York, presenció y participó en protestas estudiantiles y, según testimonios fotográficos, una vez llevó el pelo largo y pantalones más o menos de moda. A su llegada, era un entusiasta de la música clásica, pero, al cabo de unos años, su canción favorita era «House of the Rising Sun» de los Animals.

Estuvo suscrito durante un brevísimo periodo a *The New Yorker*, antes de darse cuenta de que la revista no iba dirigida a recién llegados como él y pedir que le reembolsaran el dinero. Descubrió los encantos de la pizza y el helado de ron con pasas. Siempre que llegaban de Taiwán estudiantes de posgrado, sus amigos y él se apretujaban en el primer coche que encontraban para ir a recogerlos. Era un ritual, y un tipo de libertad —salir a la carretera y quizá, incluso, comer bien— que no podía desaprovecharse.

Si los estadounidenses sabían algo de Taiwán en esa época, era que se trataba de una isla poco conocida próxima a China y Japón, donde se fabricaban artículos de plástico barato para exportar. Cuando mi madre era niña, su padre colgó una pizarra en la cocina donde todos los días escribía una palabra nueva en inglés. La Segunda Guerra Mundial había interrumpido los estudios de medicina de mi abuelo, por lo que se había hecho funcionario. Quería un poco más para sus hijos. Mis abuelos obligaron a mi madre y a sus hermanos a elegir nombres estadounidenses, como Henry o Carol. Los niños aprendieron los rudimentos del inglés, aquel idioma extraño y nuevo que podrían utilizar para labrarse un futuro nuevo. Supieron del resto del mundo angloparlante por una suscripción a la revista *Life*, donde mi madre descubrió que en Estados Unidos había un lugar al que llamaban «barrio chino».

Cuando llegó a Estados Unidos en 1971 (Taipéi-Tokio-San Francisco), la familia que fue a recogerla tuvo la amabilidad de esperar un día, a fin de que se recuperara del largo viaje, antes de llevarla a un restaurante chino. Mi madre iba camino de la Universidad Estatal de Míchigan para estudiar Salud Pública. Poco después de llegar a East Lansing, firmar un contrato de alquiler, matricularse y comprar un montón de libros de texto no reembolsables, recibió un mensaje de su padre. Resultaba que, mientras ella iba a Míchigan, su familia había recibido una carta en Taipéi comunicándole que la habían aceptado en la Universidad de Illinois en Urbana-Champaign, su primera opción. Así pues, mi madre recuperó la cantidad que pudo de la matrícula de la Estatal de Míchigan y partió rápidamente a Illinois.

En los años sesenta, comunidades de estudiantes de habla china procedentes de todo el mundo se encontraron en aquellas pequeñas ciudades universitarias relativamente remotas. La mayoría de ellos se adaptaban a los cambios de estación, a un grado distinto de cortesía en las conversaciones, a los campos ondulantes y a las carreteras sin fin. Los estudios anclaban a mi madre en el Medio Oeste, pero ella se movía con total libertad: un trabajo en un centro comunitario de Kankakee, donde era la única persona no negra —su primera experiencia directa de la brecha racial en Estados Unidos—; un verano que trabajó de camarera, en el que almorzó helado todos los días. Pero algunos de sus compañeros no supieron lidiar con aquel contexto tan radicalmente nuevo, o quizá el problema fuera que no lo había. Mi madre aún recuerda a una chica que dejó de ir a clase y se pasaba el día deambulando por el campus. Incluso en pleno verano, se paseaba con su abrigo más recio. El resto de estudiantes taiwaneses guardaban las distancias con ella.

Había comidas informales con amigos para las que mi madre preparaba albóndigas «cabeza de león», viajes por carretera a lugares famosos o a tiendas que vendían col china, la bulliciosa comunión de la vida en residencias. Los estudiantes taiwaneses podían identificarse por su olla arrocera Tatung. Mi madre empezó a pintar, cuadros en su mayoría abstractos y surrealistas, combinaciones de colores que no reflejaban un estado de ánimo reconocible. Cuando más adelante le pregunté si los había pintado colocada, me aseguró que nunca había fumado hierba en esa época, aunque aún recordaba el olor.

Después de dos años en la Universidad de Massachusetts Amherst, mi padre se trasladó a la Universidad de Columbia. Desde allí, siguió a su asesor académico a la Universidad de Illinois, que es donde se conocieron mis padres. Se casaron en un centro estudiantil del campus; si hubieran vivido a menos de tres horas del barrio chino más próximo, podrían haber ofrecido un banquete en un restaurante. El hermano de mi madre, que se había marchado de Taiwán con un trabajo de marino mercante y había acabado en Virginia, fue el único pariente de ambas familias que pudo asistir. Al menos tenían a sus amigos. Uno era pintor e hizo dibujos de Snoopy y Woodstock en cartón y los dispuso por el césped del centro estudiantil. Todos los asistentes llevaron su plato favorito.

Cuando se aborda la cuestión de los inmigrantes, a menudo se plantea como una dinámica de «expulsión-atracción»: una fuerza los expulsa de su país; otra los atrae desde fuera de él. Las oportunidades se agotan en un lugar y surgen en otro, y ellos siguen la promesa de un futuro que parece mejor. Las distintas versiones de estos viajes se remontan cientos de años atrás en todas las direcciones.

En el siglo XIX, los británicos y los chinos mantenían una buena relación comercial en la que Gran Bretaña intercambiaba plata por el té, la seda y la porcelana de China. No obstante, los británicos querían mejorar su posición. Empezaron a cultivar opio en la India y a transportarlo a China, donde lo pasaban a contrabandistas que lo distribuían por todo el país. Con el tiempo, los chinos intentaron desengancharse de la sustancia, lo que avivó el temor de los británicos a que pudieran cerrarles sus puertos algún día. Las consiguientes guerras del Opio devastaron el sureste de China, justo en la época en que se necesitaba mano de obra barata en el oeste de Estados Unidos. En las décadas de 1840 y 1850, barcos llenos de chinos zarparon de la provincia de Cantón devastada por la guerra con rumbo a Estados Unidos, atraídos por la promesa de trabajo. Instalaron vías férreas, extrajeron oro y fueron donde se los necesitaba. Sin embargo, su movilidad no pasó de ahí. Aislados en los barrios más degradados de las grandes ciudades por códigos legales bizantinos y la presión social —y sin medios (y en ocasiones fuerzas) para regresar a su país—, empezaron a construir barrios chinos autosuficientes para alimentarse, protegerse y cuidar unos de otros. En la década de 1880, la economía estadounidense ya no necesitaba mano de obra extranjera barata, lo que dio lugar a políticas de exclusión que limitaron la inmigración china durante décadas.

Esta dinámica de expulsión-atracción seguía produciéndose cuando la Ley de Inmigración de 1965 relajó las restricciones de entrada de personas procedentes de Asia, al menos para quienes tuvieran algo concreto que aportar a la sociedad estadounidense. Los responsables políticos tenían la impresión de que Estados Unidos estaba perdiendo la guerra fría en el terreno de la ciencia y la innovación, por lo que el país recibió con agrado a estudiantes de posgrado como mis padres. ¿Y quién sabía qué futuro les aguardaba en Taiwán? En el Nuevo Mundo, todo parecía ir siempre en constante ascenso. Lo que atrajo a mis padres a Estados Unidos no fue un sueño concreto, sino la mera posibilidad de algo distinto. Incluso entonces, sabían que la vida estadounidense implicaba inagotables promesas e hipocresías, fe y codicia, nuevas cotas de felicidad e inseguridad personal, y libertad posibilitada por la esclavitud. Todas esas cosas a la vez.

En su luna de miel, mis padres hicieron un largo viaje por carretera de Illinois a la Costa Este y sacaron fotografías por el camino. Lo único que les queda de ese viaje son retazos de recuerdos, ya que perdieron todos los carretes sin revelar en Manhattan cuando alguien les entró en el coche a plena luz del día.

Nací en 1977 en Urbana-Champaign. Mi padre quería ser profesor universitario. Pero, cuando no pudo encontrar trabajo en el mundo académico, nos mudamos a Texas, donde ejerció de ingeniero. Las afueras de Dallas nos ofrecían mucho espacio. Era posible perderse en aquella inmensidad. Hace unos años, encontré un cuadradito de papel quebradizo y amarillento escrito a principios de los años ochenta, un anuncio por palabras que mi madre publicó en el periódico local:

Clases de cocina china. Aprenda a preparar platos exóticos utilizando ingredientes y utensilios fáciles de conseguir. 12 $ la clase. Para más información, llamar a la señora Hsu al: 867-0712.

Jamás llamó nadie. Cuando empecé a hablar con acento sureño y a suplicarles unas botas camperas y un nombre estadounidense, y después de que les dijeran que el asador local no era para «gente como ellos», decidieron probar suerte en otra parte.

Las anteriores direcciones de mis padres trazan una estela de amistades y conocidos: un cuarto de invitados en el altillo de alguien, visitas a amigos de la familia de los que habían oído hablar pero no habían llegado a conocer, un trabajo de verano en una ciudad pequeña a unas horas de viaje, una oportunidad laboral en un sector emergente y desconocido. Más que soñar con la gran ciudad, escogían núcleos próximos a amigos, comida china, un barrio con buenas escuelas, una residencia de la tercera edad. Por tanto, después de Texas, era Delaware o California, y eligieron California.

Cupertino aún estaba en proceso de transformación cuando llegamos en 1986. Había una fábrica enorme en el centro, granjas y unos cuantos edificios de Apple que parecían una tomadura de pelo. Nadie utilizaba ordenadores Apple.

Los barrios residenciales se definen por su pausada conquista del espacio, por ser una alternativa a la incómoda densidad del centro urbano. Parecen estar desligados de la propia historia, pues dan la impresión de que antes no había nada. No obstante, la ilusión de paz es quebradiza: la neurosis que exige tener el césped tan bien cuidado, las aceras impecables por las que nadie pasa, las guerras santas libradas para evitar que un municipio invada el contiguo. Los barrios residenciales evocan estabilidad y homogeneidad, pero rara vez están sujetos a la tradición. Más bien son pizarras que pueden borrarse para dar cabida a nuevas aspiraciones.

Con el creciente auge de Silicon Valley entre finales de los años ochenta y principios de los noventa, más inmigrantes asiáticos se instalaron en lugares como Cupertino. Todos mis abuelos se marcharon de Taiwán para vivir en la Bahía Sur de San Francisco y la mayoría de los hermanos de mis padres se afincaron también allí. Taiwán solo representaba una antigua patria imaginaria y remota. Los barrios residenciales de Silicon Valley experimentaron una especie de transformación paulatina y sinuosa: los negocios en crisis se renovaron con las nuevas oleadas de inmigrantes, mientras que los centros comerciales empezaron a convertirse, tienda a tienda, en concurridas islas de comida china y lo último en cortes de pelo asimétricos. Había tiendas de *bubble tea* y librerías chinas que competían entre sí, laberínticos aparcamientos llenos de Hondas tuneados y madres que pretendían protegerse su pálida piel con viseras que les tapaban toda la cara y guantes de conducir hasta el codo.

Quedaban vestigios de lo que había antes, los ciclos de uso y reutilización: Cherry Tree Lane, donde un huerto había sido la mejor manera de aprovechar un terreno comunal; el tejado a dos aguas de un restaurante de la cadena Sizzler convertido en uno especializado en dim sum; el vagón que alojaba una cafetería *kitsch* de carretera ocupado por una tienda de fideos. A las oleadas de ingenieros que llegaban a California se sumaron cocineros de Hong Kong y Taiwán. La presión por atraer compradores o comensales que no fueran chinos desapareció de manera natural. La noción de cultura dominante dejó de tener validez. Vértebras y patas de pollo y diversos alimentos gelatinosos, grabaciones en VHS de los dramas taiwaneses más recientes, periódicos y libros en chino: todo daba dinero suficiente para pagar las facturas e incluso ahorrar un poco.

Me di cuenta de cuánto tiempo llevaban mis padres fuera de Taiwán cuando mi madre empezó a quejarse de los inmigrantes chinos más recientes, de cómo dejaban los carritos de la compra desperdigados por el aparcamiento del colmado asiático. Las diferencias entre un inmigrante taiwanés de los años setenta y uno que llegaba de China en los noventa eran imperceptibles para cualquiera que no formara parte de la diáspora de habla china. Tenían más o menos el mismo aspecto y era probable que ambos tuvieran acento. Pero se relacionaban de manera distinta con la cultura estadounidense y la cuestión del lugar que ocupaban en ella. Seguramente, aquellos maleducados inmigrantes nuevos ni tan siquiera sabían que antes solo había un colmado asiático en la zona, y ni siquiera era bueno, y además había que conducir media hora para llegar a él.

Entre los objetos que han sobrevivido a los austeros primeros años de mis padres hay dos gastados ejemplares en rústica de los éxitos de ventas El «shock» del futuro y Los papeles del Pentágono; un panfleto del ensayo de Theodore Allen «La lucha de clases y el origen de la esclavitud racial: la invención de la raza blanca», con «C. HSU» escrito en la tapa; un libro sobre la visita de Nixon a China y otro sobre la historia de los afroamericanos.

Quizá vivir en Estados Unidos fuera eso. La gente podía moverse. Tenía oportunidades que no le ofrecía su país de origen. Podía reinventarse como practicantes religiosos, amantes de la pizza, aficionados a la música clásica o a Bob Dylan, hinchas de los Dallas Cowboys porque el resto del barrio parecía serlo. Durante un breve periodo, mi padre acarició la idea de americanizarse el nombre y pidió que lo llamaran Eric, aunque pronto se dio cuenta de que aquella clase de asimilación no iba con él. La gente era libre de ponerles a sus hijos nombres de presidentes estadounidenses. O podía ponerles uno impronunciable, ya que, de todos modos, jamás llegarían a presidente.

De Amherst a Manhattan, a Urbana-Champaign, a Plano, a Richardson, a Mission Viejo, a Cupertino: los discos nunca faltaban, ni tampoco un viejo tocadiscos que mi padre había soldado él mismo y un par de altavoces Dynatone. Empezó a coleccionar música nada más llegar a Estados Unidos. Al principio, lo hacía a través de un club de discos por correo, de esos en los que se pagaba de más por unos pocos elepés y después se recibían otros doce por un centavo. En esa época, escuchaba sobre todo música clásica. Pero, en algún momento de los años sesenta, se acostumbró a la voz áspera y forzada de Bob Dylan que sonaba a todo volumen en el piso de un vecino. Empezó a comprar sus discos y aprendió a apreciar aquella voz tensa y extraña, quizá incluso más de lo que llegó a entender las letras.

Sus discos conservaban el envoltorio original de plástico transparente, si era posible, para evitar que la funda de cartón se desgastara. Despegaba parte del plástico para escribir su nombre: Hsu Chung-Shih. Regaló algunos con el paso de los años, pero los fundamentales perduraron: Dylan, los Beatles y los Stones, Neil Young, Aretha Franklin, Ray Charles. Unos cuantos de los Who, Jimi Hendrix, Pink Floyd, algunas colecciones de Motown. Mucha música clásica. Blind Faith, porque, cuando mis padres estudiaban sus posgrados, un profesor veterano de las Antillas había sacado el violín durante una cena para tocar el solo de «Sea of Joy». Había álbumes en solitario de John Lennon y George Harrison, pero ninguno de Paul McCartney, por lo que yo suponía que su carrera después de separarse de los Beatles era pésima. La ausencia de discos de los Beach Boys significaba que probablemente también eran pésimos. No había jazz, salvo un único álbum de Sonny y Linda Sharrock aún precintado. Ponían *Thriller* tan a menudo que yo suponía que Michael Jackson era un amigo de la familia.

La colección de discos de mi padre solo consiguió que la música me pareciera un rollo. Era algo que los adultos se tomaban en serio. Él escuchaba Guns N' Roses y yo, partidos de béisbol en la radio. Él era el que grababa horas de MTV en un vídeo y utilizaba otro para seleccionar los mejores temas y recopilarlos en una cinta de grandes éxitos. Él era el que siempre quería ir a Tower Records para recorrer los pasillos y comprar sus favoritos de siempre en cualquier nuevo formato que hubiera. Compraba la *Rolling Stone* y *Spin* y copiaba concienzudamente sus listas de los mejores álbumes del año o década, y después buscaba los que pensaba que podían gustarle.

Cuando fui al instituto, me di cuenta de que las compras de discos de mi padre me habían preparado para las jerarquías sociales del recreo. Empecé a ver la MTV y a escuchar música en la radio, lo que me permitía enterarme de todo lo bastante pronto como para que no pareciera nunca postureo, que era lo que más temía en el mundo. Adquirí el dominio de las listas de éxitos pop, que es el bien más preciado de todo adolescente, leyendo las revistas de mi padre y memorizando nombres de bandas, puntos de referencia, curiosidades varias. Y empecé a acompañarlo siempre que iba a la tienda de discos después de cenar. Parecía que pasáramos horas cada uno por su lado y, de vez en cuando, coincidíamos en algún pasillo improbable. Todo se antojaba una posibilidad, una pista, una invitación a experimentar realidades emocionales nuevas e inauditas. Nos fascinaba la misma música, pero nos enseñaba cosas distintas. Yo escuchaba el apasionado solo de guitarra de Slash en «November Rain» y oía liberación, una señal de que una visión delirante y comprometida podía transportarme, llevarme a otro lugar. Para mis padres, la grandeza de Slash residía en su virtuosismo, fruto de miles de horas de estudio y práctica.

Con el auge de Silicon Valley a principios de los noventa, también prosperó la industria de semiconductores de Taiwán. Pronto, los amigos de mis padres empezaron a regresar a la isla después de llevar décadas viviendo en el extranjero, pero mantuvieron su casa en Estados Unidos para que sus hijos pudieran terminar la secundaria e ir a la universidad allí. A finales de los ochenta, mi padre había ascendido a un cargo intermedio en Estados Unidos. No obstante, estaba harto de la jerarquía empresarial, donde el ascenso a los puestos directivos parecía depender de fuerzas arbitrarias, como el color de la piel o los tenues temblores de la voz. Finalmente, mis padres decidieron que él también regresaría a Taiwán. Lo esperaba un cargo directivo. Ya no tendría que teñirse el pelo ni tocar un palo de golf en su vida. Compramos dos faxes.

A veces me encontraba con compañeros de clase en el aeropuerto y me daba cuenta de que todos habíamos ido para dejar a nuestros padres en el trabajo. Vivíamos en una de las pocas ciudades de Estados Unidos donde aquella circunstancia no era difícil de explicar. Me recordaba a la «Montaña de Oro», un cuento popular chino sobre las oportunidades en Estados Unidos que había perdurado desde la época de la fiebre del oro. Salvo que entonces los hombres cruzaban el Pacífico para trabajar en Estados Unidos, no al revés.

La primera generación piensa en sobrevivir; las siguientes cuentan las historias. A menudo intento dar forma de relato a los detalles y pequeños influjos de la vida de mis padres. ¿Cómo adquirieron su sentido estético o decidían qué películas ver? ¿Se habrían reconocido en *El «shock» del futuro*? ¿Y quién era el Eric que tanto había influido en la vida de mi padre? Las cosas que los rodeaban eran como materias primas para su nueva identidad estadounidense y ellos las buscaban y recolectaban hasta donde los llevara su coche o la línea de metro. En aquella época, regresar al país de origen requería una pequeña fortuna y meses de meticulosa planificación. Se tardaban semanas solo en programar una llamada a larga distancia con la familia y asegurarse de que habría cuórum suficiente al otro lado.

Habían ido a Estados Unidos para estudiar en centros educativos muy superiores a sus homólogos asiáticos, aunque el premio por tan denodado esfuerzo aún no estuviera claro. Habían elegido la soledad puntual, el estilo de vida errante, la barrera del idioma. Lo que no habían elegido era su identificación como estadounidenses de origen asiático, una categoría que solo se había acuñado a finales de los años sesenta. Tenían poco en común con los estudiantes chinos y japoneses nacidos en Estados Unidos que se organizaban en el otro extremo de sus universidades para defender la libertad de expresión o los derechos civiles; apenas sabían nada de la Ley de Exclusión China, de Charlie Chan o de por qué tenían que sentirse profundamente ofendidos si los llamaban «chinitos» o «japos». Mis padres y sus coetáneos no habrían reconocido que eran representantes de una «minoría modelo». De hecho, ni tan siquiera habían pensado en hacerse estadounidenses. Sencillamente, no sabían que esa identidad estaba a su alcance. Continuaban siendo leales al mundo que habían dejado atrás.

Qué tiernas y musicales debían de ser aquellas llamadas telefónicas. ¿Cómo fue para ellos abandonar su hogar y cruzar el Pacífico, sin apenas planes de regreso? A falta de buenas comunicaciones, se aferraron a un Taiwán imaginario, una abstracción —un faro, un miembro fantasma—, más que a una isla real. La tecnología de la época solo les permitía regresar en fechas especiales, por lo que buscaban señales de su patria en las caras de sus compañeros de clase; la oían entre el bullicio cuando hacían la compra.

Ahora, mis padres eran libres de ir y venir a su antojo. Mi madre pasó gran parte de los años noventa en aviones. Volvieron a conocer Taiwán. Vivíamos en Hsinchu, una pequeña ciudad costera a unos cuarenta minutos al sur del aeropuerto de Taoyuan. Se la conocía sobre todo por sus vientos racheados y sus albóndigas de marisco. Aún era una ciudad aburrida y demasiado tranquila, solo que ahora había una gran universidad tecnológica junto a la carretera, donde tenían su sede todas las empresas de semiconductores. En el centro urbano empezaron a surgir grandes centros comerciales.

Los fines de semana, mis padres iban en coche a Taipéi para buscar viejos cines y salones de té que recordaban de los años cincuenta y sesenta. No necesitaban mapas. Las décadas que habían vivido en el extranjero no habían empañado su recuerdo de los puestos donde servían los mejores baos. Mis padres rejuvenecían en Taiwán; la humedad y la comida los transformaban en personas distintas. A veces me sentía como un intruso mientras, sentados en gastados taburetes de madera, comíamos en silencio gigantescos boles de fideos con carne de ternera que, en Estados Unidos, habrían motivado un romántico soliloquio sobre sus recuerdos de infancia.

Yo pasaba dos o tres meses al año en Taiwán. Siempre insistía en escuchar la ICRT, una emisora de radio en inglés, por el programa *American Top 40* de Casey Kasem, que informaba semanalmente de una realidad más reconocible. Mis padres tenían buenos recuerdos de cuando la escuchaban de adolescentes, en la época en la que formaba parte de la emisora de las Fuerzas Armadas estadounidenses. Con el tiempo, mi padre perdió el interés por la música más reciente y escuchar la lista de éxitos era en parte mi intento de conectar con él, de recordarle los esplendores del país al que quizá regresaría algún día. Tardé un tiempo en comprender que aquella era nuestra vida actual, que mis padres se habían esforzado mucho por tener un lugar en ambos mundos. Ser estadounidenses se quedaría como un proyecto incompleto y la colección de discos de mi padre empezó a parecer un vestigio de un camino no recorrido.

La experiencia del inmigrante está imbuida de un afán de superación. Cuando era adolescente, me dediqué al periódico del instituto o al club de debate porque, a diferencia de las matemáticas o las ciencias, pensaba que podía ser mejor en ambas cosas. Hojeas los viejos cuadernos de física de tu padre y sabes en tu fuero interno que jamás entenderás esas fórmulas y gráficas. Pero un día te das cuenta de que tus padres hablan con un poco de acento y no tienen la menor idea de qué es la voz pasiva. La siguiente generación adquiriríamos una competencia en su nombre —la cual también podríamos utilizar contra ellos—. Dominar el idioma parecía la única manera de superarlos. La vida hogareña adquirió una especie de desenfadada litigiosidad. Los hijos, calmados y serenos, hablando en tono vivaz, tendiendo trampas con nuestras preguntas. Los padres, cansados e irritados, recurriendo a su lengua materna.

Pasaba mucho tiempo con mi madre. Ella me llevaba en coche por toda la Bahía Sur de San Francisco a clases de chelo, competiciones de *cross*, concursos de debate y tiendas de discos, y prestaba atención mientras yo la entretenía con los pormenores de mi vida. A cambio, yo la esperaba pacientemente con una pila de revistas siempre que iba a comprarse blusas o zapatos. Veía todas las películas raras que yo sacaba de la biblioteca y me enseñó a afeitarme. Los viernes íbamos a Vallco, nuestro centro comercial local; empezábamos en Sears y avanzábamos hacia la zona de restaurantes, donde cenábamos. «Si en una tienda alguien quiere hablar contigo —me decía mi madre—, tú responde, de la manera más alegre posible: "Solo estoy mirando", y te dejará en paz». Yo le explicaba cómo iba vestida la gente en el instituto y después averiguábamos dónde podía comprarse esa ropa.

Llega un momento en que el hijo de inmigrantes se da cuenta de que sus padres y él se están asimilando al mismo tiempo. Más adelante comprendí que los dos íbamos buscando, de tienda en tienda, un futuro posible, que nos desconcertaban las mismas modas, tendencias y frases. Que el propósito de mis viajes nocturnos a la tienda de discos era explorar, no hacerme un experto. Más adelante aún, llegué a reconocer que la asimilación era, en su conjunto, una carrera hacia un horizonte que no estaba fijo. El ideal cambiaba constantemente y nuestro acento jamás sería perfecto. Era una serie de concesiones que nos vendían como un contrato. La asimilación no era un problema que había que resolver, sino el problema mismo.

Como millones de otras personas, mi primer encuentro con la cultura «alternativa» ocurrió cuando en 1991 escuché «Smells Like Teen Spirit» de Nirvana. Tenía trece años. Era una de las mejores canciones que había oído, sobre todo porque era la primera gran canción que había elegido por mi cuenta.

Creía haber descubierto un secreto antes que el resto del mundo y era adicto a esa sensación. Escuché la canción en la radio una noche, a última hora. Al día siguiente, nadie sabía de lo que hablaba. Ni siquiera había un vídeo aún. Esperé pacientemente a que saliera *Nevermind*.

En esa época, no sabía que «alternativo» era un concepto de marketing ni que Nirvana ya había sacado un disco antes de *Nevermind*. No tenía la menor idea de que *Nevermind* era el resultado de una guerra de ofertas entre grandes discográficas. Mi única guía era mi euforia. Recuerdo que, la primera vez que escuché el álbum, no despegué los ojos de la pletina, asombrado de que cada canción pareciera mejor que la anterior. Y me desconcertaba la manera en la que habían decidido expresarse, saboteando sus canciones naturalmente pegadizas con inquietantes capas de ruido o pícaros gruñidos. Leía a fondo todos los artículos de revistas y periódicos que encontraba sobre ellos y tomaba nota de las alusiones que hacían a otras bandas. Escribí una carta al club de fans que figuraba en el folleto de la cinta expresando mi particular manera de interpretar sus valores.

Un día, Nirvana era un grupo relativamente desconocido de una parte poco atractiva del país. Luego, todo el mundo vio la luz. En el instituto, la gente empezó a aparecer con la misma camiseta de Nirvana, motivos amarillos en relieve sobre un fondo negro. ¿Era aquella una señal de que todos podíamos compartir el mismo secreto? ¿De que reharíamos el mundo a nuestra imagen y semejanza?

Nirvana me atraía sobre todo porque no parecían un puñado de imbéciles. Hacían que toda la demás música de la MTV pareciera burda e instantáneamente insustancial. La música rock comercial encajaba en un gradiente limitado de machismo estadounidense, desde los bufones amantes de la diversión hasta los serios y virtuosos. Nirvana representaba todo lo demás; los territorios marginales eran infinitos. Cuando Kurt Cobain, su vocalista, era joven, leyó un artículo sobre punk rock y decidió que esa era su música. Corría mediados de los setenta y pasaría un tiempo hasta que escuchara un verdadero disco de punk. Más adelante recordaría que se sintió decepcionado porque la música no era tan agresiva ni vitalista como la había imaginado. Su propia versión imaginaria del punk fue lo que impulsó la carrera de la banda. Parecía empeñado en redirigir a sus nuevos fans hacia la música que amaba: Shonen Knife, los Raincoats, los Vaselines. Nos guiaba por un camino y nos señalaba hitos apartados. Buscar esos otros territorios se convirtió en mi razón de ser. Naturalmente, llegó el día en el que demasiados compañeros de clase llevaban camisetas de Nirvana. ¿Cómo podían identificarse todos con el mismo *outsider*? No era culpa de la banda. Cobain parecía indiferente, incluso hostil, hacia su fama. No podía culparlo por la adoración que le había caído encima. Al fin y al cabo, era guapo y carismático. Pero me aseguraría de no ser nunca como el flipado de mi clase de ética que empezó a tararear «Smells Like Teen Spirit» y después cantó «And it smells like/teen spirit». Todo el mundo sabe que la letra no va así.

Empecé a escribir un fanzine porque había oído que era una manera fácil de obtener cedés gratis de bandas y sellos discográficos. No obstante, también era un modo de encontrar una tribu. Mi visión del mundo estaba definida por la música. Cultivaba una imagen que era modesta y humilde, sensible y sarcástica, escéptica pero secretamente apasionada. Investigaba en tiendas de discos y catálogos de venta por correo en busca de sencillos que sonaran suaves y fuertes a la vez. Pensaba que tenía mucho que decir, pero me daba vergüenza expresarlo. Escribir mi fanzine era una manera de dibujar los contornos de un nuevo yo, de traer a la vida una nueva personalidad. Estaba convencido de que podía reorganizar aquellos montones de imágenes fotocopiadas, escritos breves y recortes en una versión de mí mismo que se percibiera como real y auténtica. Era una especie de sueño sobre lo que el futuro podía deparar, una idea que se iba concretando con cada frase preñada de juegos de palabras y alusiones. Por supuesto, había muchas frases que aún no podía escribir.

Utilizaba un programa de maquetación muy básico; había convencido a mi madre para que me lo comprara arguyendo que me ayudaría con las solicitudes de plaza en universidades. Usar cuatro o cinco tipos de letra en cada página transmitía la sensación de caos emocional que esperaba proyectar. Ilustraba mi fanzine con *collages* de imágenes arrancadas de manuales de autoescuela, revistas, libros de texto chinos. Escribía mucho sobre música, pero podría haberme apasionado con cualquier cosa: cine, literatura, arte. Me enamoraba de todo lo que sentía que había descubierto. Escribí largos artículos elogiando a Pavement y Polvo porque fueron los primeros elepés que compré por mi cuenta después de sacarme por fin el permiso de conducir, y los escuché de manera obsesiva hasta que todo lo que tenían de extraño y disonante empezó a parecerme normal. Pero podría haber empezado a buscar en la sección de la letra «R» y haber caído bajo el hechizo de otras bandas con la misma facilidad. Lo que valoraba era la seriedad. Quería aplicarla a un mundo más pequeño, oculto en este otro más grande.

Mi fanzine era sincero pero cínico. «¿Acaso no era genial esa cosa que ya no está de moda? ¿Por qué se viste todo el mundo así, en vez de asá?». Escribía vehementes odas a películas extranjeras que no había visto, disquisiciones apasionadas y demasiado largas sobre todos los sencillos de rock independiente que encontraba en Streetlight Records, en San José. También había *fan fiction* de *Expediente X*, largos artículos contra nuestras monótonas tareas escolares. Pero, para mí, ser guay radicaba principalmente en tener un criterio basado en la erudición, y me definía por lo que rechazaba, una actitud que no dejaba títere con cabeza y daba lugar a artículos que censuraban *Sensación de vivir*, a los hippies, la educación privada, a George Bush, los cinturones de cuero trenzado, el estado policial y, cuando se pusieron de moda, a Pearl Jam. Sabía contra qué estaba, pero no alcanzaba a imaginar lo que había al otro lado.

Aquellos tal vez fueron los últimos tiempos en los que las cosas podían ser verdaderamente oscuras. No en el sentido básico de que un estilo o canción pudieran ser esotéricos. Pero había una precariedad en los conocimientos poco comunes, una sensación de que un libro mal archivado o una revista olvidada podían perderse fácilmente para siempre. Enterarse de algo unos minutos antes que los demás confería una cierta ventaja en determinados círculos sociales, y yo era un estudiante aplicado. Conocía a todos los grupos que tocaban parecido a Nirvana de los que nadie había oído hablar aún. Veneraba la investigación: desenterrar afluentes arcanos, conocimientos ocultos y anécdotas conspiratorias, forjar nuevas religiones en torno a artistas que habían caído en el olvido o no habían llegado a triunfar.

Exploraba los pasillos menos transitados de la tienda de cómics, hurgaba en el piso de mis abuelos en busca de viejas camisas de franela, corbatas de angora y batas de fábrica. Le rogaba a mi madre que me llevara a Berkeley y me maravillaba ver cómo los universitarios se llevaban enormes trozos de pizza a la boca, siempre con novelas, cuadernos y discos bajo el brazo. Cualquier artículo de revista sobre ciberpunks, *raveros* o activistas por los derechos de los animales sugería un nuevo camino totalmente plausible para mí. Era emocionante deambular y elegir cómo quería ser, qué aspectos míos quería destacar y embellecer. Estaba enviando una señal de socorro, esperando que alguien acudiera en mi rescate.

Captar el tono por escrito ya es bastante difícil, y quizá lo sea aún más con un fax, que se imprime en papel térmico liso. No se distingue la huella del bolígrafo. Los faxes llegan con un aspecto descolorido y distante, el consejo ya obsoleto. Mi padre tenía curiosidad por mi fanzine (al que se refería como mis «publicaciones») y me preguntó si podía enviárselo por fax. Le expliqué que no sería lo mismo.

A menudo me suplicaba que aplicara a mis estudios parte de la energía que invertía en memorizar estadísticas deportivas o escribir reseñas de discos. Solo tenía que leer los libros de texto con la atención que dedicaba a mis preciadas revistas. Podía decir qué álbumes se lanzarían el mes siguiente, pero no aprobaba ni a tiros la parte teórica de mi examen de conducir. «No lo tomes como un comentario negativo. Solo te queremos y conocemos tus debilidades, por lo que gústanos guiarte. Siempre llevamos en corazón tu bondad y puntos fuertes, aunque no siempre lo decimos». Cuando le parecía que el tono de lo que lo había escrito era más severo de lo que pretendía, se apresuraba a matizarlo sin que nadie se lo pidiera:

El viernes pasado estuve demasiado duro. No te asustes. La vida es llena de emociones y sorpresas. Afróntala y disfrútala. Igual que dijiste que te gusta el ejercicio de correr a campo traviesa. Después de subir la colina, cuando miras abajo, te sientes bien. Eso es lo que quería decir. No te sientas frustrado cuando vas subiendo, también no elijas una montaña demasiado alta para empezar. Primero tienes que practicar con la colina pequeña. Aprender del ejercicio. Incluso caerte puede enseñarte a subir la próxima vez. Es cansado, pero disfruta del proceso.

Tu madre y yo somos orgullosos de ti. No solo por tus logros, sino más por tu carácter alegre. Te apoyaremos decidas lo que decidas (¡casi siempre! ¡Ja!). No te sientas mal si a veces estamos demasiado miedosos. Solo esperamos darte toda nuestra orientación y ayuda para hacerte más sencillas decisiones. Puede que te presionamos demasiado, pero no es nuestra intención. Está relajado, pero organízate el tiempo en función de tus prioridades.

Me da pena no poder estar siempre ahí para apoyarte cuando lo necesitas. Pero me siento cómodo porque tu madre lo hace bien y tú eres bastante maduro. Pero, si hay algún pensamiento o problema, llámame o envíame un fax. Si son tareas de clase y no puedes recibir mi ayuda a tiempo, por favor, dínoslo. Podemos buscarte un profesor particular. Cuarto de secundaria y primero de bachillerato cuestan más, pero espero que los disfrutas.

Te quiere, papá

Los profesores particulares no me servían de mucho. Por lo general, eran inmigrantes taiwaneses de veintitantos años que estudiaban en el colegio universitario local. Mi ineptitud con los conceptos matemáticos abstractos estaba tan arraigada que a menudo no sabían por dónde empezar. Me fijaba en su manera de vestir y hablar y me preguntaba si mis padres habían sido así décadas atrás.

En el penúltimo año de bachillerato, había terminado todos los cursos de matemáticas que ofrecía mi instituto, con el consiguiente perjuicio para mi nota media final. Pero ya era libre de dedicarme de lleno al periódico del instituto, a mi fanzine y al club de debate. Pensaba que tenía que ser muy bueno en esas otras áreas para compensar todos los suficientes de mi expediente académico.

Un día, mi padre me envió un fax. Llovía en Hsinchu. «El sol de California también influye en "pensamiento y comportamiento". Hace que la gente piense "alegre". ¿No te parece?». Yo no entendía por qué siempre me escribía sobre mi estado de ánimo. Tal vez lo preocupaba que sucumbiera a la enfermedad estadounidense del aburrimiento, o algo peor.

Fue un poco decepcionante cuando Kurt Cobain murió en abril de 1994. Ya habíamos llorado su muerte el mes anterior. Alguien había oído que había muerto de sobredosis mientras estaba de gira en Italia y el rumor corrió por todo mi instituto. No descubrimos que Cobain seguía vivo hasta el día siguiente y para entonces ya habíamos pasado por las diversas etapas del duelo. Yo estaba en clase de periodismo y recorté una fotografía suya de una revista, la pegué a un pin y declaré que lo llevaría durante el resto de mi vida.

Cuando Cobain murió de verdad, no me sorprendió especialmente porque su salud ya parecía muy precaria en los años anteriores. A menudo hablaba de sus graves problemas digestivos. En su familia había antecedentes de depresión. La presión de la fama y las giras continuas parecían agravar sus problemas emocionales. Su voz rota y su postura encorvada no eran mera afectación, sino una manifestación física de su malestar. Dicen que su adicción a la heroína se convirtió en un mecanismo para afrontar todo aquello. Murió de una herida de bala autoinfligida en su casa de Seattle. Su fallecimiento nos pareció importante de manera instantánea, como las veces que nuestro profesor de Historia nos daba la vara sobre el asesinato de Kennedy. Cobain había representado algo, pero quizá no fuera nada con lo que yo me identificara. Él estaba fuera del sistema, pero yo me sentía más fuera aún. Envié un fax a mi padre la noche que sucedió. No entendía el suicidio de Cobain. Mi padre me respondió:

Aquí también han anunciado muerte de Kurt en las noticias de las 7. Lo he oído en casa del tío «Spock» a la hora de cena. Es triste. Ahora mismo, la MTV tiene un especial para honrar su memoria.

Yo soy de acuerdo que es una tragedia para la sociedad, demasiada presión. Si él sentía que está más allá de su control o creatividad o cualquier otra cosa, a veces eso acababa en suicidio, sobre todo para artistas con talento. Sentía que vivir ya no tenía sentido. Así que, a veces, las personas «normales» lo tienen más fácil para adaptarse a realidad, que se llena de situaciones no ideales y requiere hacer concesiones. Ese está el dilema de la vida: hay que encontrarle sentido, pero, al mismo tiempo, hay que acep-

tar realidad. Cómo resolver esa contradicción es un reto para todos nosotros. ¿Tú qué crees?

Después de su muerte, se publicaron artículos y bloques de noticias sobre el nihilismo de Cobain y sobre qué sugería su decisión acerca de la juventud de Estados Unidos. Aunque alcanzó demasiada popularidad para que yo deseara una camiseta, hice un álbum con artículos sobre él recortados de periódicos y revistas. Respondí a una de las preguntas de mi examen de francés avanzado con una invectiva sobre lo que la sociedad le había hecho a Cobain y elogié la postura que había adoptado contra el racismo, el sexismo y la homofobia. Era *tragique* que nos lo hubiéramos tragado sin masticar. Suspendí. Claramente, el *establishment* jamás nos entendería.

La imagen que proyectaba Cobain era más reflexiva, contradictoria y franca que las que estábamos habituados a ver. Lo que yo había tomado por frialdad quizá fuera desasosiego, temor a volverse demasiado vulnerable. Quizá nunca puedan querernos por las razones por las que creemos que deberían hacerlo. Tal vez las semillas de nuestra rebelión serán siempre pasto del olvido.

Un par de semanas después, le envié a mi padre por fax un artículo que había escrito para el periódico del instituto sobre la muerte de Cobain y lo que decía sobre nuestra generación. Utilizaba el término de manera amplia, ya que Cobain me llevaba diez años. Creía que había algo excepcional en nuestra época, en las presiones a las que nos enfrentábamos, en nuestros esfuerzos por seguir contentos en unos tiempos sin propósito. Había montones de términos que parecían exclusivos de nuestra generación, como «disfunción», «distopía» y *«angst»*. Los exploré, pero no me identifiqué con ninguno. En las noticias, veía fans vestidos de negro, velándolo en un parque próximo a su casa, llorando durante días en brazos de desconocidos. Se trataba de un grado más profundo de emoción que yo no alcanzaba a comprender. Aun así, era un escritor lo suficientemente persuasivo para preocupar a mi padre.

Creo que tu artículo tiene muchos buenos argumentos. Uno importante es si una persona ama vida o a veces se odia y no puede soportarlo. Cada generación tiene su propio problema. Para los jóvenes, ser idealista y sentirse impotente al mismo tiempo es normal y necesario para que sociedad progrese. Pero el problema está que la vida es y debe seguir adelante. Todas las generaciones tienen que enfrentarse al problema y sobrevivir y hacer todo lo posible por superar frustración. En los años sesenta, la sociedad está bastante rica, pero la inmoral guerra de Vietnam provoca el problema. Las liberales ideas son una fuerza positiva para sociedad. La integración racial, los derechos humanos y la lucha antibélica también fueron una situación muy «frustrante». Algunos sobrevivieron y siguen activos como Joan Báez, Bob Dylan, Neil Young. Otros no, como Hendrix, Joplin y Morrison.

Lo que quiero decir es que debemos tener ideales, corazón, preocuparnos por sociedad, medio ambiente, etc. Pero también necesitamos aceptar que debe de haber una manera de cambiar mundo, o entorno, de ser mejo-

res. Puede llevar muchos años, o incluso generaciones, o muchas muertes. Pero, aun así, la emoción por sí sola no cambiará situación. El verdadero trabajo lo hará. Kurt tener talento. No cabe duda. Y es importante. Su muerte tiene que analizarse muy seriamente. Nuestra sociedad ha tener problemas. Pero no describas la generación con estereotipos como «perdida». Creo que eso les ocurre a todas las generaciones durante un cierto periodo de su vida.

¿Tú qué crees? Al leer tu artículo, me he dado cuenta de que mi inglés es muy pobre. ¿Qué significa «disfunción»?

Una vez más, debemos tener emociones que diferencian al ser humano de máquina, de robot. Pero también necesitamos saber controlarlas y no dejarnos llevar por ellas. ¿Estás de acuerdo?

Yo tenía dieciséis años y quería dejarme llevar. Me iría a la universidad ese otoño. Fantaseaba con ir a un lugar extraño y nuevo. Los Ángeles no estaba lo bastante lejos. San Diego era soso. Seattle estaba lo bastante lejos, pero en una dirección inútil. No me gustaba la idea de no tener acceso al mar. Me sentía demasiado joven para Nueva York. Boston también era soso. Me atraía la Johns Hopkins, pero se me pasaron las ganas cuando pensé en el montón de bobos que la llamaban «John Hopkins». De hecho, la novedad de viajar en avión se había desvanecido después de atravesar el Pacífico demasiadas veces. Mi padre quería que empezara a considerar mis opciones.

«Berkeley es una buena universidad con un buen campus», escribió. No era cara, estaba cerca de casa y era menos elitista que las universidades de la «Torre de marfil» del Este, aunque no sería un problema si también quería solicitar plaza en ellas. El único inconveniente, me explicó, era su «vecindario». No se refería solo a Oakland, aunque sin duda formaba parte de él. Berkeley no era una burbuja, como la cercana Stanford. El campus se mezclaba con el mundo que lo rodeaba: los rudos punks callejeros y los indigentes que vivían en el Parque del Pueblo, los hippies desencantados que aún vagaban por Telegraph. Unos años antes, en 1990, alguien había tomado rehenes en un bar del campus, lo que provocó un enfrentamiento con la policía local que duró toda la noche. Un estudiante murió y varios recibieron disparos antes de que el autor fuera abatido.

La vida había llevado a mis padres a miles de kilómetros de sus familias. Habían puesto la otra mejilla, sacado lo mejor de las peores situaciones, respondido a versiones aproximadas de su nombre. Luego, de algún modo, los había llevado de regreso a su lugar de origen, pero, para entonces, sus parientes habían ido emigrando al Área de la Bahía de San Francisco para estar más cerca unos de otros. Mis padres anhelaban una especie de estabilidad cotidiana mientras iban reduciendo los riesgos y variables de su vida. Querían que yo adquiriera aptitudes reconocibles; querían que fuera lo bastante competente para parecer versátil. Berkeley era una buena universidad con un buen campus; en eso estábamos de acuerdo. Pero yo estaba deseando ir por las enormes porciones de pizza, la librería de izquierdas escondida dentro del aparcamiento, los bichos raros que vociferaban sobre la libertad de expresión o el aborto en el patio central. Me matriculaba en un mundo de abundancia, donde había al menos tres de todo —librerías de viejo, tiendas de discos, de ropa de segunda mano— en un radio de cuatro manzanas.

Era hijo de Estados Unidos y estaba aburrido, y estaba buscando a los míos.

Durante las primeras semanas de universidad, íbamos todos en manada. Una planta entera de la residencia paseándose por el videoclub, intentando decidir entre todos qué película alquilar. En un café del final de la calle Bancroft, ocho estudiantes de primero apiñados alrededor de una mesa para dos, bebiendo lo que hubiera pedido la persona que los precedía en la cola. «Yo también tomaré un moca». Se rumoreaba que había un puesto de burritos aún mejor que el de la calle Haste, pero había que coger el autobús. Antes de eso: aprender a coger el autobús. Enterarse de los sobrenombres y la reputación de las diversas residencias, hacer pasar esos conocimientos como propios. «A esa la llaman Bosnia». Intentar en vano apartar a otros novatos del rebaño para echar un vistazo a la tienda de discos.

Sobre todo, había fiestas. Enfilábamos la avenida Durant, atravesábamos Telegraph y pasábamos por delante de Tower Records y el restaurante de comida rápida Top Dog camino de Greek Row, donde las distintas fraternidades y sororidades ofrecían a los novatos cerveza gratis, grupos ya formados de amigos y la oportunidad de reinventarse. Yo subía la cuesta, pero nunca me quedaba en las fiestas más de unos minutos. Me definía como *straight edge,* un término que había aprendido de un chico mayor en el instituto.

El *straight edge* era una subcultura del punk duro que surgió a comienzos de los ochenta, basada en el rechazo por principio y cuasi político a las drogas, el alcohol y el tabaco, vicios que podían llevarse a extremos banales. Yo no sabía nada de aquello en esa época. Solo sabía que ser *straight edge* implicaba escuchar música ruidosa y sermoneadora y juzgar a cualquiera que se lo pasara demasiado bien. De algún modo, me parecía una actitud rebelde. Un alarde de disciplina frente a la dejadez del resto de los mortales.

Vivía en una habitación triple de Ida Sproul Hall con Paraag y Dave, dos buenos amigos del instituto. El padre de Paraag había ido a Berkeley en los años sesenta para estudiar un posgrado y el día de la mudanza llegaron al campus temprano para que sus padres pudieran sacarle una fotografía en las escaleras de la plaza principal. Su padre había posado para una fotografía similar a su llegada de la India.

Yo fui el último en aparecer ese día, por lo que me tocó la litera de arriba, encima de Paraag. Dave dormía en una cama elevada con una larga mesa debajo que ambos compartían. A mí me dejaron la mesa independiente que estaba frente a la ventana. Todos nos convertimos en sinónimo del póster que habíamos colgado en nuestra parte de pared: «Las mujeres de *Melrose Place*» en el caso de Paraag; Batman, en el de Dave. Yo me compré un póster demasiado grande de Björk que tuve que pegar en el techo, a solo unos centímetros de mi cama. Su cabeza era tan grande como todo mi colchón; dormí debajo del póster unos días hasta que empezó a darme miedo y lo quité.

Habíamos decidido vivir juntos para facilitar la transición a la vida universitaria, aunque, de haber sabido que nuestra triple sería más pequeña que una doble, quizá nos lo hubiéramos replanteado. Paraag y Dave pasaban casi todos sus ratos libres explorando el gimnasio y jugando al baloncesto. Querían estudiar empresariales. Yo no estaba seguro de qué quería hacer aparte de buscar discos. Empecé a clasificar a mis compañeros según sus afinidades musicales. Menos importantes eran sus gustos en cine y libros, los pósteres que tenían en la pared, si conocían algún fanzine o se compraban la ropa de segunda mano. Según mi tajante categorización del mundo, había gente guay y gente que no lo era. Aquella última categoría era multitudinaria. Me fascinaba fascinarme con «cosas» y buscaba esa cualidad en los demás. Podía ser cualquier persona, cualquier cosa. Había un chico indio con una chaqueta de aviador gastada que había intentado que me gustara un metal progresivo poco conocido, una chica pelirroja de mi clase de Lengua y Literatura que casi me había convencido de que podía enamorarme perdidamente del *ska*. Quizá me convertiría en un verdadero punk. Un estudiante de segundo que conocía de los debates del instituto me invitó a un concierto de Groovie Ghoulies en el club 924 Gilman, pero yo no tenía la menor idea de quiénes eran ni de cómo ir. Incluso ser *straight edge* era simplemente una muestra de mi vulnerabilidad, de mi deseo de integrarme en la pandilla de inadaptados de otra persona. Esa era la reinvención que buscaba.

Cuando somos jóvenes, estamos seguros de nuestra capacidad para imaginar una salida a los problemas de la generación anterior. Hay otra manera de envejecer, caminos que no implican amoldarnos y vendernos. Los descubriríamos juntos y seríamos distintos juntos. Solo tenía que encontrar gente con la que ser distinto, una masa crítica de personas para desarrollar las posibilidades de un pronombre colectivo.

Nada más conocer a Ken, lo odié.

Ken era un tipo que iba por ahí llamando la atención, al menos según mi criterio. Había conocido a cientos como él, cientos de veces. Yo tenía dieciocho años, estaba enamorado de mi brújula moral y siempre recelaba de quienes tenían demasiada facilidad de palabra. Él era la clase de persona que me esforzaba por evitar: *mainstream*. Era indiscutiblemente guapo; su voz no dejaba traslucir ninguna inseguridad. Vivía en la cuarta planta, justo encima de nosotros, y su habitación estaba llena de recuerdos de sus años de instituto. Una foto de su novia de toda la vida, blanca, rubia y guapa en un sentido convencional. Una de él con sus amigos, disfrazados de árbitros, abucheando a sus rivales del otro lado de su ciudad en un partido de baloncesto. Tenía buenos modales, lo que le venía bien para su trabajo de las tardes, que consistía en vender zapatos de niño en unos grandes almacenes. Era experto en cautivar tanto a los padres escandalizados por los precios como a sus impacientes hijos. Sabía tratar la resaca y abría la puerta para dejar pasar. Sabía pedir en los restaurantes. Parecía que estuviera deseando hacerse adulto.

El instituto había sido una época gloriosa para Ken y había pocos indicios de que la universidad fuera a ser distinta. Esperaba convertirse en arquitecto. Durante la primera semana de clase, lo había reclutado una fraternidad de Greek Row —la «más diversa», señaló—. Lo estaban preparando para un puesto de liderazgo. Pearl Jam y Dave Matthews Band —una música que a mí me parecía espantosa— retumbaba por toda la residencia de la fraternidad. Sus miembros llevaban la gorra de béisbol hacia atrás. Siempre había vasos de plástico por todas partes.

Ahora que estaba en la universidad, intenté reinventarme como una persona que decía lo que pensaba, a ser posible con una encantadora tendencia a divagar. Una persona que sabía un poco de todo y le gustaba opinar; esa era la impresión que esperaba dar cuando escribía mi fanzine. Como mínimo, quería parecer cómodo con mi voz. En la primera clase a la que asistí había otros quinientos alumnos. Al instante, me di cuenta de lo difícil que sería conservar cualquier sentido de individualidad con el que hubiera llegado. La clase más reducida era un seminario del programa de Paz y Conflicto, donde nuestra primera tarea consistió en pasarnos una semana resistiendo el impulso de culpar a otros de lo que fuera.

Me gustaba la clase de Literatura, así que practiqué la lectura de poemas en voz alta porque un profesor había dicho que, de lo contrario, jamás entenderíamos la poesía, y me moría por ser la clase de persona que entendía la poesía. Un día, a principios del semestre, me armé de valor para levantar la mano. Otros cuarenta posibles filólogos se volvieron hacia mí mientras hacía una apresurada observación sobre el uso de los nombres propios por parte de Ernest Hemingway. Un alumno de segundo me dijo que estaba equivocado; el profesor adjunto asintió con aire grave. Decidí que la crítica literaria no era lo mío y me centré, en cambio, en las ciencias políticas. Volví a ser el tipo de alumno que evitaba exponerse. Me sentaba en la parte de atrás, escuchaba con atención y rara vez decía nada.

Ken pasaba mucho tiempo en la tercera planta de nuestra residencia porque, a diferencia de la cuarta, donde él vivía, la nuestra era mixta. Bajaba para organizarnos a todos cuando había una fiesta o para estudiar en nuestra sala porque tenía balcón. A veces, venía a nuestra habitación para revisar el correo electrónico, lo que a todos nos parecía un incordio burocrático absurdo. Nos sabíamos las contraseñas de los demás y, una o dos veces a la semana, cuando nadie utilizaba la línea telefónica, alguno iniciaba sesión en el ordenador que el padre de Dave le había montado y revisaba las bandejas de entrada de todos. Yo nunca enviaba correos, por lo que nunca recibía ninguno, lo cual me molestaba, pero jamás lo reconocía abiertamente. No obstante, era obvio para Ken, que me gritaba que regresara rápidamente a mi habitación, solo para poder decirme que Paraag y él estaban revisando el correo y que mi bandeja seguía vacía.

Yo era callado y Ken hablaba demasiado alto. Proyectaba confianza. Yo recelaba de las personas seguras. Él hacía preguntas por sincera curiosidad y las mías eran escépticas o condescendientes para parecer interesante. Sobre todo, nunca quería que se me notara que no sabía algo. «Oh, sí, los conozco».

Los viernes iba en autobús a una tienda de University especializada en discos importados de Reino Unido. Me pasaba horas allí, ojeando los últimos sencillos, intentando en vano entablar una conversación con los desatentos dependientes. Interpretaba su aspereza como una muestra de que eran mucho más guais que yo. Se me quitaban de encima si les preguntaba por alguna novedad discográfica que veía detrás del mostrador. Ese disco no estaba a la venta, me decían, al menos para mí. Sus clientes habituales tenían prioridad. Yo aspiraba a convertirme en uno de ellos.

Cuando regresaba de mis excursiones a University, encontraba a Ken sentado a mi mesa con la ropa de deporte empapada de sudor, utilizando mi querido tazón de la revista *Teen Beat*. Él, Paraag y Dave habían estado jugando al baloncesto en el gimnasio. Me llamaba Huascene —mi dirección de correo electrónico, inspirada en una canción de Blur titulada «Popscene»—. O se refería a mí como «el rey del baile de graduación», de un modo que hacía audibles las comillas dibujadas en el aire. Le costaba creer que nuestro instituto fuera tan progre y rarito que todos me hubieran elegido el más popular en señal de protesta. Era demasiado cercano y efusivo y yo nunca sabía si se burlaba de mí.

Los californianos a menudo se sienten superiores por el simple hecho de haber crecido en California. Es el lugar donde la gente sueña con terminar. Siempre ha existido un recelo mutuo entre los californianos del norte y del sur, y el 99 % de los estudiantes de Berkeley parecían ser lo uno o lo otro. Lo único que tenían en común era que todos llevaban chanclas Adidas. Yo pensaba que los californianos del sur eran superficiales y poco serios. Pasaban demasiado tiempo al sol. Mientras que el Área de la Bahía de San Francisco era conocida por su activismo político y contracultura, ellos lo eran por Disneylandia y Hollywood. Me parecía un poco tonto que, a diferencia de lo que ocurría en la mayor parte de Estados Unidos, llamaran a la autopista que atravesaba el estado «la» 101, en vez de 101 a secas. Ken se había criado en El Cajón, un barrio residencial de San Diego, y lo describía como un lugar único y maravilloso. Cerca de la playa, clima ideal, gente simpatiquísima, chicas guapísimas. A mí me parecía horroroso y muy *mainstream*. Ni tan siquiera me había molestado en señalarle que el gran crítico de rock Lester Bangs había crecido en El Cajón en los años sesenta. Era imposible que hubiera oído hablar de él.

El padre de Ken era vendedor de seguros; su madre me prepararía un festín memorable a base de filetes y pollo si alguna vez iba a visitarlos. Ken admiraba a su hermana mayor, pese a disfrutar de no decírselo nunca directamente. Adoraban a un pomerania ladrador y agresivo que respondía al nombre de *Chibi*. Parecían una típica familia estadounidense, alegres y optimistas de un modo que me resultaba sospechoso.

Mi recelo hacia Ken se veía agravado por el hecho de que fuera estadounidense de origen asiático como yo. Todas las otras personas seguras y satisfechas de sí mismas como Ken que había conocido hasta entonces eran blancas. Una de las partes más complejas de una identidad ya de por sí compleja es que los niños estadounidenses de origen japonés pueden parecerles extraterrestres a los demás asiáticos, despreocupados, ajenos en gran medida al sentimiento de ser de fuera. Dejaron de sentirse así hace mucho tiempo. Las familias japonesas-estadounidenses como la de Ken a menudo llevan varias generaciones en el país. Los hijos de inmigrantes más recientes nos sentimos incómodos a nivel molecular, sobre todo cuando hacemos cosas típicas, como ir a la pizzería un viernes por la noche, aparentando ser estadounidenses. Estamos seguros de que se han olvidado de cómo nos llamamos. Los estadounidenses de origen japonés con los que había crecido en mi barrio tenían padres aficionados al fútbol y a la pesca, abuelos cuyas historias sobre los campos de internamiento se relataban sin ningún acento. Algunos de ellos ni tan siquiera habían ido nunca a Japón y otros tenían familiares que habían combatido contra Japón en la Segunda Guerra Mundial. Todos nos parecemos, hasta que nos damos cuenta de que no es así, y entonces empezamos a sentir que nadie podría parecer más distinto.

Hay muchas clases de amistad. Podemos sentirnos atraídos por alguien que nos da alegría y nos llena de esperanza, alguien que siempre logra hacernos reír. Tal vez haya amistades que son instrumentales, en las que el aliciente es concreto y el atractivo reside en lo que pueden hacer por nosotros. Hay amigos con los que solo hablamos de cosas serias, otros que solo cobran sentido en la ebria alegría de la noche profunda. Algunos amigos nos completan, mientras que otros nos complican. Quizá sintamos que no hay nada mejor en el mundo que estar al volante de un coche, escuchando música con amigos, buscando una tienda de dónuts abierta toda la noche. Nadie dice una palabra y es perfecto. Quizá nuestra perenne fascinación con la armonía empezara por fin a cobrar sentido en esas escenas, apretujados en el coche, coreando «God Only Knows», esperando en el aparcamiento hasta que terminaba la canción. Aristóteles señaló que las amistades entre los jóvenes siempre giran en torno a la posibilidad de placer. La amistad de los jóvenes, observó,

parece que se debe al placer, pues viven en la pasión y persiguen sobre todo aquello que les resulta placentero y lo que tienen delante —aunque cuando cambia su edad, también les resultan placenteras otras cosas—. Por eso se hacen amigos, y dejan de serlo, rápidamente, pues su amis-

*tad cambia con lo placentero, y el cambio de esta clase de
placer es rápido.*

«Lo que tienen delante»: esa dimensión de la amistad orien-
tada hacia el futuro, la certeza de que envejeceremos, o nos
distanciaremos, y de que un día podremos necesitarnos de un
modo inimaginable en el momento presente. De niños apren-
demos que la amistad es espontánea y pasajera. Como estructura, está plagada de asimetrías, jerarquías invisibles, mez-
quindades e inseguridades, periodos en los que simplemente
desaparecemos. Para algunos, la amistad tiene que ser constante y rítmica. Para otros, es la intimidad esporádica de re-
tomar sin esfuerzo conversaciones o chistes particulares que
llevan años parados.

Pero antes de todo eso: lo que tenemos delante nos une.

Cuando por fin conocí realmente a Ken fue un día que me
pidió que lo ayudara a comprarse ropa. Habíamos retomado
las clases después de las vacaciones de invierno e Irami y yo
estábamos pasando el rato en el vestíbulo de nuestra residencia. Ken entró con dos maletas y lo saludé educadamente con
la cabeza. El ascensor que llevaba a las ocho plantas del edificio
estaba averiado, como de costumbre, y él suspiró, pero a la
manera de un galán de cine, como si aquel contratiempo solo
fuera parte de su papel. Irami, un estudiante de Filosofía fe-
rozmente considerado que vivía en mi planta, me tocó el hombro. «Vamos a ayudarlo». Me puse furioso por dentro. Había
gente de nuestra residencia de la que quería hacerme amigo,
con la que estaba seguro de que la inercia de la proximidad se
trocaría algún día en intimidad. Encontraría un asiento vacío
en el comedor y elogiaría su camiseta de segunda mano, su pin

sarcástico; quizá empezaríamos a ir juntos a conciertos. Tal vez coincidiríamos en la sección de películas extranjeras del videoclub; yo me quedaría despierto hasta muy tarde, escuchando sus problemas, y, a cambio, le desvelaría mis secretos. Ese otoño había pasado suficiente tiempo en la periferia de Ken como para decidir que no era una de esas personas. Parecía tan seguro de sí mismo y normal que no me atraía nada de él. Cogí una maleta y resoplé de la manera más teatral posible cuando subimos por la escalera. Aquel individuo ni tan siquiera me caía bien y estaba sudando tinta por él.

Cuando llegamos a su planta, Ken nos dio las gracias. Se volvió hacia mí y me preguntó: «¿Dónde te compras la ropa?». Él vestía bien, con ruda sencillez, un polo de un color discreto, metido de manera informal por dentro de unos vaqueros anchos. Unas Nike o, en invierno, unas Timberland. Yo vestía como un abuelo: chaquetas de punto que rascaban, camisas de flores, tanta pana que se la oía crujir, unas Dr. Martens de estilo pala vega con cinco pares de ojales. Pensé que se burlaba de mí. Pero hablaba en serio. «¿Me ayudas a comprarme ropa para una fiesta de mi fraternidad?».

No me interesaban las fiestas, y no se me ocurría nada menos guay que las fraternidades. Pero Ken me sorprendió, incluso me impresionó, ya que claramente era más perspicaz de lo que yo había creído en un principio. Percibía intención cuando otros podrían haber supuesto que solo podía permitirme ropa de distintas generaciones que no combinaba. Seguía sin fiarme; aquella era la conversación más larga que había tenido con él o, para el caso, con nadie que perteneciera a una de las fraternidades y sororidades de la universidad. Pero estaba dispuesto a enseñarle a ser guay.

Esa tarde, quedamos en el vestíbulo y fuimos andando a una cavernosa tienda de ropa de segunda mano de Telegraph. Él era un joven, yo un viejo, y nos pusimos a rebuscar entre camisas de poliéster de segunda mano y americanas de difuntos, levantando polvo por doquier cuando desplegábamos cada nueva maravilla. «Me da miedo frotarme los ojos», dijo, y a mí me enterneció. Lo ayudé a elegir una camisa satinada de color amarillo con unas solapas inmensas. Cuando se miró en el espejo, puso cara triste, como si la camisa le chupara su aura natural. Era perfecta. Más tarde, pasé por su habitación para prestarle un cinturón de Playboy que una vez había comprado de broma en Taiwán. No estaba, así que le dejé una nota deseándole suerte y diciéndole que el cinturón completaría su *look*.

Resultó que la fraternidad de Ken organizaba una fiesta setentera y que su objetivo era destacar yendo más hortera que nadie. «Fue perfecto», me dijo cuando me devolvió el cinturón unos días después. Aún estaba un poco emocionado. «Deberíamos quedar».

Yo tenía la curiosidad de un etnógrafo por sus épicas noches de juerga, esos comunicados de un frente de combate radicalmente distinto. En vez de ir a fiestas, pasaba casi todos los viernes por la noche leyendo y escuchando música. Me sentaba en la sala de la tercera planta con un montón de cedés y algunos libros sobre Marx o teoría de la cultura, que me parecían más intuitivos que la poesía. Escribía cartas a amigos que se habían ido a estudiar a la Costa Este, suspirando por compañeros tan cultos y refinados como los que ellos me describían. Saludaba alegremente a todo el mundo cuando salían del ascensor sin apenas tenerse en pie; escuchaba sus historias de desencuentros y me preguntaba por qué la embriaguez requería que la gente expresara su grado de ebriedad.

Ken se fijó en que realmente yo nunca salía. Más importante aún, se fijó en que yo esperaba que se fijaran en mí por ello. Jamás había probado el alcohol, pero se debía sobre todo a que era un esnob, no un ideólogo del *straight edge*. No podía imaginarme desinhibiéndome delante de personas que estaría toda la fiesta juzgando para mis adentros. Rechazaba educadamente sus invitaciones a las fiestas de su fraternidad, diciéndole que la vida griega no era mi «estética», pero, en cambio, desayunaba con él a la mañana siguiente.

La sala de la tercera planta de nuestra residencia tenía un balcón con un par de tumbonas. Daba al tejado del comedor. A veces, los chicos lo usaban para fumar porros. No estaba permitido fumar ahí, pero la gente lo hacía de todos modos. Una noche, Ken me vio fingiendo estudiar y me pidió que saliera a fumar al balcón, aunque, de hecho, ninguno de los dos fumaba. Me habló de la fiesta de la que acababa de regresar; yo le hablé de Heidegger, dando la impresión de que sabía del tema.

Pasó a ser nuestra clave siempre que queríamos hablar: «Necesito un cigarro». Escapar de los deberes o de una habitación abarrotada de desconocidos, todo era lo mismo. Salíamos al balcón y hablábamos de las clases, de chicas (yo tenía poco que aportar) o de sueños lejanos. Apoyados en la barandilla, charlábamos con aire cómplice, fingiendo que fumábamos para que nadie nos molestara. De vez en cuando, salía alguien para gorrearnos un pitillo y, de algún modo, conseguíamos que se sintiera idiota por pensar que eso era lo que hacíamos. Yo tosía de forma exagerada si alguien encendía un cigarrillo. «Lo siento, tengo asma».

Por las noches, Paraag, Dave y yo hablábamos desde la cama sobre cosas triviales sumamente importantes, como si Boyz II Men eran mejores que los Beatles; por qué nuestra habitación, que estaba pensada para tres, era más pequeña que las dobles del pasillo; quién se había comido la última de las samosas que el padre de Paraag le había llevado a la residencia; si alguna vez conoceríamos el amor verdadero y si continuaríamos siendo amigos durante los cuatro años siguientes. *Tommy Boy* frente a *Tonto, pero no tanto*. ¿Era Ken Griffey Jr. el mejor jugador de béisbol de nuestra era? ¿De dónde había salido el gastado cedé de Bob Marley que siempre sonaba en nuestra habitación? ¿Iba a algún lado *Expediente X*? ¿Eran los videojuegos un deporte? Pasábamos muchísimo tiempo así: explorando la cultura en busca de pruebas, proyectando distintas versiones de nosotros mismos basadas en nuestras lealtades y pasiones. No buscábamos respuestas. Aquellos no eran debates para ganarlos: la certidumbre era aburrida. Buscábamos pautas que nos permitieran ver el mundo con mayor claridad.

Estábamos ávidos de nuevos contextos, iniciábamos rutinas que quizá acabarían saliéndonos sin pensar. Yo le había enseñado a Alec, un hippie caradura del otro lado del pasillo, la melancólica belleza de «Waterloo Sunset» de The Kinks. Durante un par de semanas, nos juntamos en su habitación al final del día para escucharla con reverencia. A veces también venían Irami y Ken. Paraag se enteró de que había unos chicos de la cuarta planta que se turnaban para pagar la cuenta en los restaurantes. Nos pareció mucho más maduro que nuestra manera de comportarnos en el instituto, dividiéndolo todo por cinco, exigiéndonos saldar todas las deudas superiores a setenta y cinco centavos. Nosotros también queríamos ser adultos y generosos. Acordamos juntarnos a cenar una vez a la semana en el Orchid, un restaurante chino que estaba a unas pocas manzanas de nuestra residencia. Me recordaba las comidas en casa con mis padres. Pero no estábamos acostumbrados a pedir comida china en un restaurante, desconocíamos la combinación de platos necesaria para un banquete variado y equilibrado. Lo mantuvimos durante unas semanas, turnándonos para pagar la cuenta, antes de concluir que los chicos de los que había oído hablar Paraag tenían mucho más dinero que nosotros.

Al principio, Ken y yo fingíamos fumar porque estábamos aburridos y nos encantaban los rituales; dos personas repiten el mismo gesto hasta que se hacen amigas. Una noche trajo un paquete de tabaco que alguien se había dejado en la fiesta de una fraternidad. Solo fumaba cuando bebía, me dijo encendiéndose un cigarrillo. Yo no bebía, así que pensé que no pasaba nada por solo fumar. Me gustó de inmediato.

Dos personas repiten el mismo ritual hasta que se hacen fumadoras. Fumar permite introducir pausas naturales en una conversación. Encender un cigarrillo pone en marcha un cronómetro. Teníamos que empezar a hablar de temas serios, pasar de la cháchara a asuntos más íntimos e intensos. Ken siempre se ponía muy serio cuando daba una calada, con la mirada baja, el cigarrillo colgándole entre los labios, subiendo y bajando mientras hablaba. Me encantaba practicar distintas maneras de coger los míos: encajados entre los dedos índice y corazón, como si fueran palillos chinos; sujetos entre el pulgar y el índice, como si estuviera a punto de aplastar un insecto; apoyados en los nudillos, entre los dedos corazón y anular, con lo que me tapaba media cara cada vez que daba una calada; pasados por debajo del dedo índice, como un taco de billar, para gesticular y señalar con el extremo encendido.

Ken y yo intercambiábamos teorías, buscábamos historias que pudieran hacer que nuestro mundo pareciera más real. Hablábamos mucho sobre televisión. Nos habían educado para descubrir significados alegóricos, así que, por supuesto, buscábamos interpretaciones alternativas, analizábamos todos los tópicos que gobernaban nuestra imaginación. Nos esforzábamos por recordar todas las series de televisión antiguas, todos los jugadores de los Padres de San Diego en 1984. No había ninguna autoridad en ninguna materia, tan solo aquel que sacara a colación la referencia más inesperada o narrara la versión más convincente de una película que había marcado nuestra juventud.

En esa época, me obsesionaba con las cosas más nimias que hacía la gente. No me fiaba de nadie que llevara la camisa por dentro del pantalón. Cuando Ken intentaba que escuchara rock clásico —o, peor aún, Pearl Jam—, retrocedía asqueado, como si estuviera exponiéndome a un virus. Cuando me habló de su plan de mudarse a Boston después de graduarse, admiré su visión de futuro, que iba mucho más allá de San Diego. Pero Boston era soso. Yo quería ir a Nueva York. Cuando él empezó a leer filosofía y teoría, yo exploré filosofías y teorías aún más abstrusas. Me recomendó un libro sobre hegemonía y socialismo de Ernesto Laclau y Chantal Mouffe. Me burlé, como si acabara de elogiar a los Pearl Jam del pensamiento posmarxista —«Oh, sí, los conozco»—, y después memoricé sus nombres.

Ken a menudo quería hablarme de chicas, un área de conocimiento de la que yo tenía una comprensión en gran medida conceptual. Todo lo que había aprendido en el instituto sobre el amor romántico era que *La lista de Schindler* es una idea pésima para una primera cita. Era un aspecto de la vida que aún estaba descubriendo. Ken, en cambio, usaba palabras como «libido» sin ninguna ironía.

Empezamos a estudiar juntos en cafés y, cuando las circunstancias lo requerían, en la biblioteca. A veces quedábamos para desayunar y él se trataba la resaca con un filete, huevos y tortitas. Las historias que contaba me resultaban estrambóticas y divertidas: la vez que él y sus «hermanos» jorobaron a una fraternidad rival robándoles todos los mandos de la cocina y del horno; la vez que a uno de los más corpulentos se le quedó la mano atrapada dentro de una caja de galletitas Goldfish. Cuando el entusiasmo de Ken por pasarnos la noche despiertos y debatir el trasfondo subversivo de una película superaba al mío, me preguntaba si de verdad yo era único. Quizá, lo que me inquietaba era darme cuenta de que, en definitiva, no éramos tan distintos. Él a menudo cuestionaba la imagen que me había construido. ¿Por qué me empeñaba en ser tan raro? ¿Qué me obligaba a pedir siempre el plato más extraño de la carta? ¿No era todo un ardid para hacerme notar? ¿Sobre todo, decía en tono acusador, por chicas «bohemias y alternativas»? ¿Y no había tenido brevemente el primer álbum de Pearl Jam yo también?

Por la noche, ya tarde, salíamos a dar vueltas en el Volvo que yo había heredado de mi madre. Grabada cintas para aquellos trayectos, ruidosas canciones pop que hacían vibrar las puertas del coche. Una noche, Ken señaló una colina. «Subamos ahí». No teníamos la menor idea de cómo ir, así que nos limitamos a seguir avanzando, acercándonos, desviándonos obligatoriamente por una vía de sentido único, volviendo sobre nuestros pasos. Al final, encontramos la base de la colina y empezamos a ganar altura por encima de las luces, hasta que solo hubo oscuridad. Veíamos toda la Bahía Este. Ken estaba memorizando el camino para utilizar aquella información en algún momento cuando tuviera coche. «Tendrías que traer a Sammi, Huascene». Sammi era una chica bohemia y alternativa que vivía en la quinta planta. Yo quería ser amigo suyo porque llevaba una chaqueta de golf verde muy guay. «Lo que tú digas, tío», me burlé.

Ken creía que todo lo que hacíamos en la vida era para gustarles a las chicas. La manera de vestir, la música que escuchábamos, nuestro sentido del humor. Ser personas sensibles y políticamente comprometidas, escribir fanzines y grabar cintas de mezclas. Todo se reducía a conseguir echar un polvo. No, protesté con ostentosa indiferencia. «¿Cómo puedes ser tan vulgar? Yo no hago nada para llamar la atención». ¿Y si nadie captaba las pistas que daba?, me preguntó. «Qué obtuso plantearlo así —repliqué—. Hay gente que me entiende», continué, y Ken me dejó hablar hasta que me puse yo solo contra las cuerdas. «Me gusta lo que me gusta y punto. No lo hago para hacerme notar... Es decir, no por todo el mundo. O sea, es distinto a como eres tú. O sea, sinceramente, no creo en la atracción física; lo importante es la inteligencia...».

Ken solo asintió. «La atracción es más que el aspecto físico —continué—. Creo que decir que una chica está "buena" es reductivo y deshumanizante». Lo más humano que Ken podía hacer era dejarme hablar, porque al final siempre me quedaba sin argumentos. Agradecía que fuera demasiado amable para cortarme el rollo y señalar mis inseguridades. Quizá era eso lo que significaba que me conocieran, esa sensación de estar expuesto y ser transparente.

Ken nos dio una dirección fuera del campus e instrucciones de pasarnos sobre las cinco. Teníamos que subir hasta arriba de todo y continuar por una escalera de mano en la dirección del ruido. Dave, Paraag y yo acabamos en una azotea, donde unos veinte chicos que no conocíamos asaban carne a la parrilla sin demasiada maña. Ken empezó a presentarnos a todos. No había chicas, lo cual ya me iba bien. Algunos de ellos rodearon a Dave con aire relajado; luego, como si siguieran una coreografía, otros hicieron lo mismo con Paraag y después conmigo, preguntándonos con tacto por nuestra ciudad natal, la carrera que queríamos estudiar, si teníamos abonos de temporada para ver al equipo universitario de fútbol americano.

Yo no tenía la menor idea de a quién pertenecía aquella casa. No paraban de saltar chispas por el borde y caían a la calle. Al final, conseguí zafarme de una conversación con un estudiante de Ciencias Políticas cuyo nombre olvidé de inmediato y enseguida encontré a Ken, que estaba ocupándose de las hamburguesas. «¿Podemos estar aquí?»

«¿Qué más da? —dijo—. Lo estamos».

Después de unas cuantas conversaciones más, me di cuenta de que todos los chicos con los que había hablado pertenecían a su fraternidad y nos estaban valorando a los tres como posibles miembros. «¿Estás intentado..., nos estáis iniciando o reclutando o como se llame?», le pregunté en voz baja, medio ofendido, medio halagado. Me caía bien, e incluso admiraba a otro miembro de su fraternidad, Derrick, un alegre y paternal estudiante de ingeniería de nuestra residencia. Por un momento, fantaseé con formar parte de su fraternidad. Ken se ruborizó. «Sí, he pensado que eras guay. Que a lo mejor te gustaba todo esto». Me ofreció una hamburguesa minúscula, ennegrecida y dura. «Coge una briqueta, Huascene». Miramos el trocito de carne carbonizada y nos reímos. «No te preocupes por los chicos. Tú solo diviértete».

A finales de los años ochenta, el filósofo Jacques Derrida dio una serie de ponencias en un seminario sobre el tema de la amistad. En ese momento era uno de los filósofos más famosos del mundo, después de convertirse en sinónimo de la idea de deconstrucción. Derrida quería trastocar nuestra tendencia a generar significado a través de dicotomías: habla frente a escritura, razón frente a pasión, masculinidad frente a feminidad. Aquellos aparentes opuestos se necesitaban para existir. El hecho de que un concepto prevaleciera sobre el otro no significaba que ninguno de los dos fuera estable o se autodefiniera; la heterosexualidad solo existe marginando continuamente la homosexualidad, por ejemplo. Sus métodos requerían un examen más detenido de lo que se perdía o se suprimía: mediante dicho análisis, sostenían él y sus acólitos, llegaríamos a reconocer que conceptos que nos parecen naturales están plagados de contradicciones. Aceptar esa confusión nos permitiría vivir de una manera más consciente e inteligente.

Las ponencias de Derrida se publicaron en 1994 en un libro titulado *Políticas de la amistad*, repleto de exploraciones densas y asociativas de las ideas de Aristóteles, Nietzsche, Kant y el teórico político Carl Schmitt. Todas las ponencias tenían como hilo conductor una frase atribuida a Aristóteles: «*O philoi, oudeis philos*». A menudo se traduce como «Oh, amigos míos, no hay ningún amigo», una apreciación afirmativa y, no obstante, negativa. Algunos conjeturan que Aristóteles expresaba algo más simple, más próximo a «Quien tiene muchos amigos, no tiene ninguno». Pero Derrida se sentía atraído por la aparente paradoja de la traducción que él prefería. Al centrarse en la tensión inherente al amigo y al enemigo, a la vida pública y a la privada, a los vivos y a los «fantasmas», creía estar mostrándonos la posibilidad de crear conexiones nuevas.

Conocí a un estudiante de posgrado del Departamento de Retórica de Berkeley que iba a Irvine en avión todas las semanas para asistir a un seminario impartido por Derrida. A su regreso, me contaba lo cerca que se había sentado de la mismísima leyenda. Corrían rumores de que a uno de los pensadores más importantes de la época le encantaba Taco Bell. En esa época, yo no tenía la menor idea de que Derrida estaba vivo, y aún menos de que estaba pasando la segunda mitad de los años noventa en lugares como Irvine. Lo único que sabía de Derrida era que era importante.

En nuestras clases, batallábamos con versiones simplificadas de todo aquello, aplicando su escepticismo generalizado a los conocimientos sobre el mundo que dábamos por válidos sin cuestionarlos. Todo lo que aprendíamos ponía en duda nuestras ideas fijas. De repente, empecé a describir todo lo que se desmontaba como «deconstruido». Cualquier cosa extraña era simplemente «posmoderna». Quizá, efectivamente, la verdad no existía. La propia palabra carecía de significado. Para empezar, ¿cómo nos pusimos de acuerdo en el significado de las palabras? Hablar de todo aquello era entretenido. El multiculturalismo y la inclusión de las mujeres y las minorías en el canon aún se percibían como causas importantes. Pero ¿y si nuestro problema era con la propia noción de sistema de valores y jerarquía? A los críticos de la deconstrucción derrideana les preocupaba dónde podían llevarnos aquellas preguntas. Podíamos buscar matices y afinar nuestras posturas políticas a perpetuidad. ¿Cómo íbamos a soñar juntos si no éramos capaces de ponernos de acuerdo en ningún valor común?

Era difícil desaprender la utilidad de las dicotomías. Hacían el mundo mucho más nítido. Yo me había definido por lo que rechazaba y mis elecciones a menudo se plasmaban en algo que yo percibía como político. Se trataba de mi sentido del mundo y lo que esperaba de él. Ponerme del lado de esta banda y no de aquella. Leer fanzines en vez de la prensa dominante. Había elegido el sarcasmo intelectual de Blur a sus rivales, Oasis, cuyos fans parecían ser en su mayoría deportistas groseros. Pero, después, escuché sus álbumes nuevos durante mi primer semestre de universidad y decidí que los dos eran malísimos. Había más opciones de las que yo había creído en un principio.

Una noche, en la época en la que vivíamos en la residencia, Ken apareció en nuestra planta, jadeando de manera teatral. Había ocurrido algo. Iba de habitación en habitación. Necesitaba nuestra ayuda. Nada de chicas. «Os lo explico por el camino». Lo seguimos a una tienda. Compró un montón de botellas de Snapple y nos dio dos a cada uno. Una fraternidad rival había agredido a un miembro de la suya. Estaba bien, no le habían hecho mucho daño, pero aun así íbamos a vengarnos rompiéndoles los cristales. «Espera, ¿qué?, —protesté—. ¿Cómo que "vamos"? Ni siquiera somos de tu estúpida fraternidad». Ken masculló un discurso sobre la lealtad, la verdadera hermandad, la negación plausible. Éramos sus hermanos, aunque no lo fuéramos oficialmente. Lo seguimos hasta Greek Row de todos modos; ninguno quería defraudarlo.

Nos pusimos por parejas y subimos por Bancroft. Me rezagué unos pasos del pelotón. Ken se acercó a la casa con toda tranquilidad y lanzó su botella contra la ventana de la fachada. Antes de oír romperse el cristal, yo ya había salido disparado de regreso a nuestro punto de encuentro en el patio de la Unidad 1. Corrí con todas mis fuerzas, oyendo sirenas a lo lejos, preguntándome si nos detendrían, dándome cuenta de que era una idea absurda. Pensé en todas las cosas terribles que estaban ocurriendo en alguna otra parte de Berkeley esa noche. Valía la pena vengar al compañero de Ken porque valía la pena ayudarlo a él. Llegué el primero a la Unidad 1 y me di cuenta de que aún llevaba las botellas en la mano. Busqué en vano un contenedor de reciclaje antes de tirarlas a un cubo de basura y esperar. Ken fue el último en llegar. «Nunca te había visto correr tan rápido —dijo riéndose—. Huascene se ha largado antes de que yo tirara la botella». Regresamos a la residencia, donde nos aclamaron como héroes.

En la universidad se aprende a convivir con otras personas y Ken lo entendía de manera instintiva. Al día siguiente, nos compró bocadillos a todos y nos los comimos sentados en los bancos de Bancroft, enfrente de la fraternidad rival, mientras nos reíamos con disimulo de la solitaria ventana entablada. Se diría que habíamos ganado la Super Bowl. Ken sabía utilizar a las personas, no en el sentido de explotarlas, sino de saber sintonizar con ellas. Era capaz de inspirarlas a hacer cosas extrañas y sabía cuándo delegar. Derrida señaló que lo que impulsa la amistad no es la búsqueda de personas que sean como nosotros. Un amigo, escribió, «escogería conocer más bien que ser conocido». Siempre había pensado que era al revés.

La vida moderna, explican teóricos como Derrida, está llena de individuos atomizados, que buscan un centro y cuestionan el motor de su vida. Su prosa es famosa por su complejidad y está cuajada de citas y terminología abstrusa. Todo «siempre habrá tenido ya lugar». No obstante, reflexionar sobre sus propias relaciones tendía a imprimir a sus pensamientos y escritos una suerte de claridad desesperada. La intimidad de la amistad, escribió, reside en la sensación de reconocerse a uno mismo en los ojos del otro. Seguimos conociendo a nuestro amigo incluso cuando ya no está presente para mirarnos. Desde el primer encuentro, no hacemos sino prepararnos para la eventualidad de que lo sobrevivamos o de que nos sobreviva él. Ya estamos imaginando cómo podríamos recordarlo algún día. El sentimiento no tiene por qué ser de tristeza. Para amar la amistad, escribe, «hay que amar el porvenir». Tras la muerte de su colega Jean-François Lyotard, Derrida se pregunta: «¿Cómo dejarlo solo sin abandonarlo?». Tomarnos en serio las ideas de nuestros amigos fallecidos es, quizá, la máxima expresión de amistad, pues apunta la posibilidad de un elogio fúnebre que no se centre simplemente en el superviviente y su aflicción.

Siempre nos pedían que leyéramos textos para los que no estábamos preparados. ¿Cómo íbamos a entender a Foucault apenas unos días después de empezar primero? Pero los leíamos de todos modos, confiando en que llegaría el día en el que podríamos aplicar las ideas de Adorno o Hegel. De momento, subrayábamos las partes que parecían referirse a nuestra vida, nuestra perspectiva, reduciendo aquellos sistemas de pensamiento a algo útil, como un súbito desprecio por Nike. Todo aquello cobraría sentido pronto, quizá cuando estuviéramos en tercero.

El presente era una lata. Vivíamos para el futuro. La juventud es una búsqueda de esa clase de pequeña inmortalidad. Quieres dejar huella. Grabar un sencillo y lanzarlo al mundo, a la parte del mundo que nunca muere, que cobra nueva vida en las cajas de discos usados y las tiendas de viejo. Esconder tus fanzines y manifiestos en periódicos repartidos por todo el campus, entre las páginas de revistas dejadas en cafés, tus palabras contra las de ellos. Pintar con espray las iniciales de otro en el aparcamiento. Te precipitas hacia el futuro, donde quizá recordarás tu complicado saludo secreto y te reirás de lo tonto que era, si acaso no lo has olvidado.

Buscábamos una discreta clase de mala reputación. Ken y yo solíamos estudiar en una mesa concreta de la biblioteca, en el intersticio entre las zonas donde varias fraternidades y sororidades asiáticas coqueteaban entre sí. Ellos tenían una clase de orgullo distinta; reivindicaban su procedencia asiática y eran extraterrestres para nosotros. Nos hacíamos reír a carcajadas tocando largos solos de batería sin sonido, pasándonos una bolsa de ositos de goma por la mesa, como si jugáramos un lento e imprevisible partido de hockey aéreo. Encima de nosotros había una placa con el retrato de un anciano blanco. Debajo de él figuraban los nombres de todas las personas que habían obtenido el premio que llevaba su nombre. Escribíamos los nuestros en trozos de papel y los metíamos en los huecos que quedaban, preguntándonos cuánto tiempo pasaría antes de que alguien se fijara en nosotros.

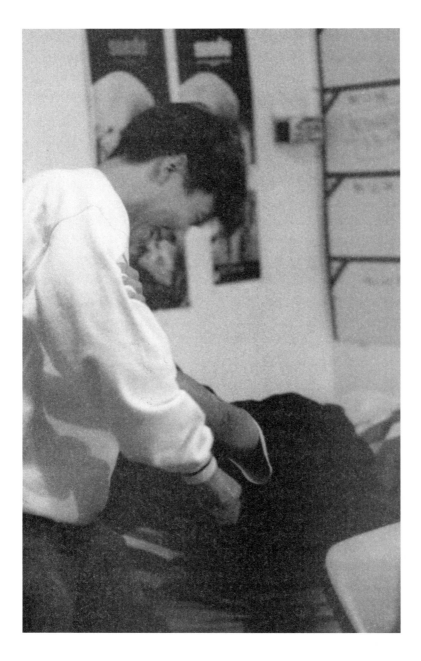

Estábamos en la azotea de la residencia, justo después de cenar, esperando a que se pusiera el sol. Era finales de mayo, la época en la que empezaba a hacer tiempo de camiseta y pantalón corto, aunque yo me había decidido por un jersey de lana a rayas que me había comprado hacía poco en una tienda de ropa de segunda mano. Hallar el camino hasta la cúspide de Ida Sproul Hall era una última curiosidad satisfecha antes de marcharnos. Pronto empezaríamos segundo y viviríamos fuera del campus, dispersos por todo Berkeley, quizá en Oakland. Corrían rumores de que algunos estudiantes de tercero vivían hasta en San Francisco. Quizá necesitáramos bicicletas, quizá incluso hasta un coche, para vernos. «¿Para ahí el autobús?». Nos colgamos las cámaras al cuello y subimos por la escalera de servicio de uno en uno.

La luz parecía llena de posibilidades. Queríamos creer que no había mejor momento ni lugar en la Tierra que aquel, justo aquel. Éramos un grupo de los pisos tercero y cuarto, además de Anthony, que vivía en otra residencia, pero que jamás dejaba pasar la oportunidad de una aventura. Nos sacamos fotos entre nosotros, ese tipo de fotos de grupo grande en el que unos años después no recuerdas ni a la mitad de la gente. Nos unía el momento, ya que todos tendríamos problemas si nos encontraban allí. A diez pisos de altura, la torre del reloj parecía estar al alcance de la mano, y el campus, que se antojaba vasto e incognoscible, se veía como un todo unificado. El sol había empezado a ponerse. Nos dimos cuenta de lo caótico que era aquel lugar, aquellas aulas, despachos, laboratorios, prados y residencias que se encaramaban por una colina hasta que ya no podían avanzar más.

Tengo una fotografía de Ken. Está con los codos apoyados en el antepecho. Contempla la bahía de San Francisco por encima de la cámara. Quizá mire más allá, y quizá se pregunte en qué lugar de ese espacio tan vasto aterrizará. Solo tengo una fotografía de él mirando, no de lo que mira.

A Ken le encantaba hacer planes. Un susurro durante el tráiler de una película: «Vamos a verla cuando la pongan». Algún día, en un futuro próximo, cuando supiéramos movernos por aquel campus tan inmenso. Cuando su gorra de béisbol de los Cuban Sugar Kings estuviera elegantemente descolorida, de tan usada, con la visera curvada en el ángulo justo. Cuando ya tuviera un sitio propio en nuestro sofá. Tercero, con nuestras carreras profesionales en mente, especializándonos en lo que nos apasionaba. Cuando fuéramos a visitarlo a El Cajón y nos llevara al casino de Barona. Cuando fuera el sabio veterano a quien los inexpertos novatos de su fraternidad acudieran en busca de consejo. El día que cumpliera veintiún años y fuera libre para tomarse una Newcastle Brown Ale. O una Samuel Smith Nut Brown Ale. O una Zima. O para entrar en un bar y tomarse cuanto quisiera de lo que quisiera. Pero antes: una ronda de chupitos para celebrar su cumpleaños.

Cuando los Padres volvieran a jugar bien. Cuando la chaqueta de Abercrombie, la azul y roja, estuviera de nuevo en *stock*. Cuando tuviéramos más dinero y no nos pareciera excesivo añadir crema agria a los burritos. Cuando estuviéramos en cuarto, investigando para nuestras tesinas. Cuando nos graduáramos: el mundo real nos aguardaba. Cuando él estuviera en Boston, estudiando un posgrado, vendiendo bolsas de cacahuetes y lanzándoselas a los espectadores en el estadio Fenway Park. Cuando fuéramos adultos que recordaban a los adolescentes descerebrados que habíamos sido.

Antes de todo eso, estaba nuestro siguiente cigarrillo. Tirar de la cinta y sacar el celofán. Golpear la cajetilla contra la muñeca. Darle la vuelta al cigarrillo de la suerte y meterlo del revés. Un paquete de tabaco nuevo, otras veinte conversaciones.

Paraag, Dave y yo continuamos siendo amigos pese a las estrecheces de nuestra habitación triple, que, en muy contadas ocasiones, se convertía en cuádruple. Sobrevivimos a la línea telefónica única que compartíamos, a diversas peleas sin importancia, a numerosas discusiones sobre quién tenía que pasar el aspirador, a un susto por moho, a nuestros miedos secretos sobre si daríamos la talla en una clase de primero con unos ocho mil alumnos. Nada de aquello significaba que quisiéramos seguir viviendo juntos. Paraag se mudó con Sean; encontraron un piso detrás del Blockbuster de la calle Channing. Un conocido del instituto que era un año mayor que nosotros invitó a Dave a ocupar su cuarto de invitados. Mientras hacíamos el equipaje, aquel último día antes de dejar la residencia, estábamos eufóricos por nuestros nuevos comienzos. Henry, que vivía en nuestro pasillo, fue de habitación en habitación, documentando la tarde con su videocámara. «Tha

Crossroads» de Bone Thugs-N-Harmony sonaba en varios equipos de sonido. Fingí ignorarlo, antes de saltar delante de la cámara, cantar la parte en la que repiten «bone-bone-bone» a pleno pulmón y salir corriendo.

Anthony y yo nos mudamos a un bungaló de dos habitaciones en Dwight Way. Ken había venido a verlo con nosotros durante la semana de los exámenes finales, con la esperanza de que cupieran tres personas. Después de echar un vistazo rápido, decidió irse a vivir a la residencia de su fraternidad.

Nuestro bungaló estaba a unas cinco manzanas de la universidad, una distancia que a nosotros nos parecía sustancial. El hecho de que los anteriores inquilinos nos hubieran dejado un sofá, unos neumáticos de carreras, una mesa de dibujo desmontada y unos cuantos maxis de hiphop nos hizo sentir que estábamos madurando. Éramos dueños de un sofá. Yo podría aprender dibujo técnico, quizá hacerme arquitecto, como Ken. Podríamos trucar mi Volvo y participar en carreras callejeras si nos apetecía.

Había conocido a Anthony a través de Paraag y Dave, que a menudo salían con un grupo de amigos que habían estudiado en el Saratoga, uno de nuestros institutos rivales. Anthony estudiaba Empresariales. Una de las primeras cosas que colgó en nuestro piso fue una fotografía enmarcada de montones de dinero con las palabras «Mi primer millón» escritas debajo. Yo decoré mi habitación con fanzines y panfletos anticapitalistas que había cogido en la librería de izquierdas. No obstante, valoraba la vena emprendedora de Anthony. Durante la secundaria, había vivido solo en el centro de Saratoga, por lo que estaba claro que sabía cuidarse. En su primer año en Berkeley, encontró trabajo como repartidor en un café e invirtió sus ganancias en un lote de camisetas pirata que vendía en los partidos del equipo universitario de fútbol americano. Yo no tenía la menor idea de cómo conocía a los pilotos de carreras-arquitectos-disyoqueis que habían ocupado nuestro bungaló, pero no me sorprendía. Era puro nervio. Otro punto importante era que también sabía cocinar.

Había un rincón para desayunar en la cocina que parecía no haberse limpiado desde los ochenta. Extendimos una sábana sobre el sofá y colocamos el tablero de dibujo sobre los neumáticos para usarlo como mesa de centro. Incorporé los maxis a mi colección de discos. Compré unas mesitas triangulares muy guais, pero que se volcaban continuamente. Por fin disponía de suficiente espacio para tener un equipo de música y un tocadiscos. Nuestro porche daba a Dwight Way. Durante la primera semana, me senté allí con un lienzo y algunas pinturas acrílicas e intenté pintar.

Ken había regresado a El Cajón. Me escribió una carta diciéndome que revisara mi correo electrónico porque iba a utilizar la dirección de AOL de su padre durante el verano. Yo me había perdido un viaje que algunos de nuestros amigos habían hecho al sur después de los exámenes finales y me contaba los momentos más destacados. Era agradable estar en casa, decía en la carta, pero tenía muchas ganas de volver a Berkeley. Se despedía con una de nuestras bromas particulares, una cuyo origen no recuerdo: «Sé tú mismo, Ken».

Anthony y yo celebramos el acontecimiento de ser los que vivíamos más lejos de la universidad dando una fiesta. Yo no había organizado nunca ninguna; mis preparativos consistieron en grabar una cinta de mezclas que se descartó en cuanto la gente llegó y quiso escuchar música que no fuera deprimente. Ni Anthony ni yo bebíamos, pero los invitados podían traer vodka, cerveza o lo que quisieran. Era verano y muchos de nuestros amigos se habían quedado en Berkeley para estudiar asignaturas optativas o trabajar en comercios. Ken vino a la fiesta en coche. Nos trajo un regalo para la casa: un juego de vasos. Nos pareció un obsequio muy práctico y adulto. «Son tanto para mí como para vosotros», nos explicó, asegurándonos que vendría a utilizarlos a menudo. También me adelantó el regalo de cumpleaños porque ese día ya habría regresado a El Cajón. Una bandejita de madera para direcciones, números de teléfono y tarjetas de visita. Me dijo que era para mi fanzine, para mantenerme en contacto con mis lectores. Sacó una de las tarjetas en blanco, escribió su nombre y dirección y la archivó en la «I». «Permanece en contacto», bromeó.

Pronto perderíamos la relación con eso que llaman tiempo libre. Ya no nos aburriríamos, porque siempre habría algo que hacer o comprar, algo nuevo que investigar y aprender, alguna conversación en la que intervenir. Pero, de momento, no había nada mejor que un viernes sin planes, a solas, para entretenerme con mi fanzine. La inmensidad de una noche libre, escribiendo para intentar aparecer en mis propias líneas, aunque nadie llegara a leerlas. Una serie de cruzadas unilaterales, todos aquellos manifiestos que circulaban entre un grupo de dos o tres personas afines. Solo en mi fanzine reconocía tener grandes sueños. En la vida real, temía adentrarme en un mundo demasiado vasto y fracasar. Pero escribía cosas que eran comprometidas y francas, cosas que jamás me atrevería a decir en voz alta.

Sammi había subalquilado un piso a la vuelta de la esquina para junio y julio. Intenté parecer lo más profundo posible cuando le dije que iba a pasar el verano pintando y escribiendo un fanzine. Sammi era de Nueva York, no del norte ni del sur de California, lo que la convertía en la persona más guay que había conocido hasta entonces en Berkeley. Se ofreció a ayudarme con mi fanzine. Todos los días me presentaba en su piso con un par de bocadillos y una bolsa de Doritos. Escuchábamos su cedé de Mojave 3 y trabajábamos en su mesa de centro. Yo nunca había oído a Mojave 3, pero sus canciones eran perfectas, como presenciar algo hermoso a cámara lenta. Aspiraba a moverme por el mundo de esa manera tan pausada. Como juzgaba a las personas por sus colecciones de cedés, tenía a Sammi en muy alta estima. Yo escribía reseñas interminables y exageradas de sencillos de *power pop* poco conocidos de Canadá, imitando los estilos hiperactivos que había leído en otras partes. Comparadas con los poemas de Sammi, que, por el mero hecho de no tener sentido para mí, me parecían sumamente originales, de repente mis aportaciones al fanzine se me antojaban manidas y obvias.

En segundo, me decanté oficialmente por las Ciencias Políticas, atraído por lo fácil que era intervenir muy poco en clase y aun así sacar sobresaliente. Seguía el ritmo escuchando a los compañeros que hablaban mucho y preguntándome si yo también podría haber generado esas ideas. Mis clases estaban compuestas en su mayor parte por alumnos blancos sociables y campechanos procedentes de ciudades costeras que iban camino de hacerse abogados, de manera que mi mayor reto consistía en armarme de valor para levantar la mano una o dos veces al semestre a fin de no suspender el porcentaje de la nota que puntuaba la participación. No quería ser abogado, aunque me costaba imaginar otras opciones de carrera. Me estaba dando cuenta rápidamente de que mis inquietudes creativas acerca de si quedaba algo original o nuevo que decir sobre el mundo eran bastante generales. No conseguía que me publicaran nada en *The Daily Cal*, el periódico universitario. Probablemente, no era artista. Sin lugar a dudas, era un pintor pésimo. Buscaba un motor narrativo, una chispa que organizara las energías que me sobraban. Quizá, si tenía suerte, podría encauzar mi pasión por la investigación trabajando en un laboratorio de ideas.

Quería adquirir un buen dominio de la filosofía y de la teoría de la cultura, por lo que empecé a realizar cursos del Departamento de Retórica. Un seminario de Retórica al que asistí durante el primer semestre consistía en leer a Foucault sin apenas supervisión; atribuí la postura de dejar hacer a la radical filosofía pedagógica del departamento. Corría el rumor de que los profesores de Retórica eran los únicos de toda la universidad que podían fumar en el despacho.

No tenía la menor idea de lo que era la retórica, solo sabía que era una palabra que, según parecía, había utilizado mal durante toda la secundaria. «Eso es mera retórica», decía siempre que alguien intentaba hacer pasar una opinión por un hecho. La oferta de cursos del departamento no se atenía a ninguna lógica evidente, pues abarcaba de Aristóteles a la televisión, pasando por las estructuras de significado, la naturaleza del yo o la futilidad del lenguaje. Un lema de un diccionario definía «retórica» como el arte de la persuasión. Nada de aquello tenía sentido para mí. Quizá, a fin de cuentas, tenía razón: todo era, literalmente, «mera retórica». Me parecía apasionante.

Ken ya no quería ser arquitecto. Quería estudiar Derecho, y el arte de la persuasión parecía una útil competencia que convenía perfeccionar, por lo que también asistió a algunas clases de Retórica. Me alegraba tener un aliado en aquellos extraños viajes, además de alguien con quien medirme. Nos apuntamos a un curso de Introducción al lenguaje que se centraba en qué significaba «realizar» una promesa. Yo hacía dibujitos en el cuaderno de Ken de nuestro profesor, que se apoyaba en el atril con las piernas muy abiertas en una postura casi erótica. Asistimos a una clase de nivel superior sobre la filosofía del tiempo. Cada sesión parecía una conversación que podría tenerse bajo los efectos de alguna droga, o eso imaginaba yo. Leíamos a Heidegger y a Wittgenstein y aplicábamos los fragmentos que entendíamos a historias de ciencia ficción, disfrutado con los infinitos encantos de las líneas temporales bifurcadas, las paradojas y los bucles, las catástrofes que acontecerían si dos caminos divergentes se encontraban. Quizá hubiera una manera de resolver aquellos enigmas en la que nadie había pensado aún.

Yo ansiaba un futuro que pudiera ocurrir en cualquier otra parte, un nuevo entorno donde mi timidez se interpretara como indiferencia. Los estudios eran fáciles y estaba rodeado de personas que me apreciaban o que al menos me toleraban. Pero mi falta de compromiso con ellas era escandalosa. Siempre me aseguraba una salida, una vía de escape, por si alguien me ofrecía una nueva aventura, la aventura que yo creía merecer. Estaba impaciente por que llegara el momento en el que fuera el producto acabado y entendiera el mundo de manera intuitiva y fluida, sin indicios de que hubiera existido ningún boceto previo.

Tengo una fotografía que Anthony sacó ese semestre de otoño en el bungaló. Hacía fotos a todas horas, como si le hubieran asignado el cometido de documentar nuestras vidas. Es octubre de 1996. Paraag, Ken y yo estamos sentados en mi cama debajo de un enorme calendario borrable que ocupa toda la pared. Sammi y yo lo habíamos usado durante el verano. Yo lo utilizaba para llevar un registro de mis deberes, el dinero que me gastaba a diario, las fechas de lanzamientos de cedés y estrenos de películas, cosas sueltas que otras personas decían y que me parecían graciosas («Hua tiene mucho que decir, pero le da palo»). Paraag se ha pasado a saludar. Está echado hacia delante con los codos en las rodillas, sonriendo, como si buscara la postura que proyecta más confianza. Ken está en medio, inclinado hacia mí con aire travieso. Acabo de cortarme el pelo y llevo mi camisa de Fred Perry favorita y unos vaqueros con muchos bolsillos. Estoy apretujado contra él, intentando hacerlos reír a todos invadiendo su espacio personal. Tengo los ojos cerrados y finjo lamerle la oreja. Ken pone cara de circunstancias. Mira directamente a la cámara con una sonrisa circunspecta, como si fuera el payaso serio aguantando una bufonada del tonto.

Ken ha venido a estudiar, pero acabo de comprar dos cedés, uno de los cuales está en el borde de mi mesa: *From the Muddy Banks of the Wishkah*, una colección de grabaciones en directo de Nirvana. Yo tenía algunas grabaciones piratas de conciertos que sonaban como si alguien hubiera arrojado una pesada manta sobre el micrófono de Kurt Cobain, pero aquellas actuaciones eran enérgicas y vigorizantes. Me asombraba que pudiera haber aún más Nirvana en el mundo. Habían dejado de interesarme en la cúspide de su fama. Ahora que no gozaban de tanta popularidad como en mi época de instituto, sentía un cariño nostálgico por aquellas canciones.

El misterio de aquellas nuevas grabaciones póstumas recién descubiertas sugería que también era posible descubrir algo nuevo sobre nosotros mismos. Las canciones de Cobain describían un presente asfixiante: su presente. Era extraño pensar que la angustia, que definía su realidad, se había trasladado al futuro, más allá de su vida, para que pudiéramos compartirla, adoptarla como propia. Resultaba tentador percibir tensión y lucha en cada momento de aquel cedé, señales de lo que estaba por venir. Después de la muerte de Cobain, cada detalle de su vida encajó en un relato de altos y bajos. El aburrimiento, la frustración, la angustia existencial, la soledad, la alegría: todo había cobrado sentido más adelante, como parte de la tempestuosa fuerza vital que lo impulsaba, no solo el caos que definió su vida cotidiana.

A Ken también le gustaba Nirvana, pero no mientras intentábamos estudiar. No paraba de hacerme señas para que me concentrara. Yo suponía que era de los que se habían interesado por ellos después de que «Smells Like Teen Spirit» fuera un gran éxito. Él prefería a Pearl Jam. En una ocasión, había removido cielo y tierra para encontrar un cedé de una de sus caras B, me dijo lleno de orgullo. Era un signo de evolución personal, pensé para mis adentros, el hecho de poder ser amigo de alguien al que le gustaba tanto Pearl Jam. No obstante, cuanto más tiempo pasábamos juntos, menos seguro estaba de aquellas diferencias. Ken era guay en un sentido que no tenía nada que ver con dominar ramas del saber arcanas y dispares. Se sentía cómodo en su piel, fuera charlando con chicas en fiestas de fraternidades o acompañándome a la tienda de discos, y pasar de una cosa a la otra no parecía exigirle ningún esfuerzo.

Construimos un mundo a partir de lo que compramos. Todo lo que escogemos es una posible puerta de entrada, un minúsculo cambio superficial que podría transformarnos en otra persona. Una camisa atrevida en torno a la cual basamos una nueva personalidad, una mesita geométrica que podría renovar todo nuestro entorno, la enorme novela que todos los estudiantes de Filología modernillos llevan consigo a todas partes. Compramos cosas para comunicar nuestra afinidad por una pequeña tribu, esperando encontrarnos con la única otra persona de la cola que compra la misma rareza que nosotros. Quizá yo me convierta también en la clase de persona que tiene libros como *La broma infinita* desperdigados por toda su moderna mesa geométrica. Quizá me convierta en la clase de persona que parece que debiera tener ese libro pero decide no comprarlo. Me pasaba horas en Amoeba Music, recorriendo varias veces las mismas secciones («Rock», «Independiente»). Había otra zona entera dedicada al jazz y a algo que llamaban músicas del mundo; esperaba convertirme algún día en el tipo de persona que entendiera esos géneros y, por añadidura, el mundo. Un día, compré un maxi de jungle basándome únicamente en una descripción que había leído en una revista. Al principio, pensé que el disco estaba defectuoso, ya que solo se oían tambores apresurados y una línea de graves que hacía saltar la aguja. ¿Dónde estaba el resto de la canción? Pero entonces me di cuenta de que era así como debía sonar, que la línea de graves era una puerta a otro lugar, y no vi la hora de escuchar más. Empecé a coger folletos de *raves* en cafés y tiendas de discos. Era electrizante pensar en cuánta música me quedaba por escuchar en el mundo.

Asimismo, ir de compras con otra persona, dejarnos arrastrar a establecimientos que de otro modo evitaríamos, crea una intimidad especial. Iba con Ken a tiendas de ropa de hombre que olían a almizcle para que se comprara una chaqueta o una gorra de béisbol y, a cambio, él me acompañaba a Cody's, la librería frente a Amoeba Music, que tenía la mayor selección de revistas que yo había visto jamás. Siempre tardaba mucho más tiempo del que él pasaba en sus tiendas. Ken ojeaba pacientemente secciones que a mí no me interesaban («Estilo de vida para hombres»), mientras yo buscaba fanzines nuevos, cómics independientes y revistas de música europeas. Un día compró un par de títulos que yo no conocía. Uno era el primer número de *Maxim*, provocativo hasta la caricatura, lleno de modelos en bañador y dispositivos electrónicos. Me aseguró que los artículos eran mucho más inteligentes de lo que cabría pensar. El otro era una revistilla local titulada *Might*. Lo atraía la provocadora pregunta de la portada: «¿Los negros molan más que los blancos?».

Al final, Ken me pidió escribir para mi fanzine. A veces, hacía los deberes mientras yo añadía notas explicativas a mis reflexiones contra el consumismo o escribía reseñas de otros fanzines más extensos que admiraba. Lo interrogué como si estuviera decidiendo si darle su gran oportunidad. Nuestros gustos eran muy distintos. Jamás me plantearía publicar ninguna de sus opiniones sobre música, por lo que me escribió un breve artículo sobre Wally Joyner, una estrella que sus queridos Padres de San Diego acababan de fichar para la temporada de 1996. Lo imprimió y me lo entregó. «No encaja con lo que intento hacer. Y mis lectores son bastante cosmopolitas... La verdad es que no les interesa... el béisbol». Se tomó mi crítica con aplomo y transformó el texto en un pedante artículo de opinión plagado de tópicos sobre los hinchas del deporte, los equipos no favoritos y la hipocresía del equipo que yo adoraba de niño, los San Francisco Giants. Le dije que intentaría publicarlo más adelante en otro número y lo archivé.

Empecé a suscribirme a varias listas de correo electrónico dedicadas a la música independiente. Revisar la bandeja de entrada ya no era un incordio burocrático absurdo. Era una razón para correr a casa después de clase. Estudiaba las recomendaciones y referencias de los mensajes que recibía con más atención que mis lecturas de curso. Aquel intercambio electrónico era como descubrir un nuevo género de escritura con sus propios registros de ingenio e intimidad. Un miembro de la lista vivía en Fulton Street, justo a la vuelta de la esquina. Una noche me invitó a su casa y me puso algunos discos de sus amigos. Molaba conocer a una persona que conocía gente que tocaba en una banda. Pero me sentía más a gusto escribiéndome con él. Desnudaba mi alma en largos mensajes que enviaba a miembros de la lista que vivían en Chicago, Halifax o Madrid, a los que no imaginaba que fuera a conocer jamás. Intercambiaba cintas de canciones y fanzines con personas que, por el hecho de no tener direcciones de correo terminadas en .edu, me parecían sofisticadas.

Me sentía un poco mal por excluir a Ken de aquel mundo que estaba descubriendo. Un día me dijo que también quería conocer personas que conocieran gente que tocaba en bandas. Pero supuse que había poco que yo pudiera hacer para minarle verdaderamente la confianza. Para él, las personas eran buenas y tolerantes por naturaleza. Para mí, una mala colección de cedés era una muestra de debilidad moral. Esa parte de mí jamás se le pegó. En cambio, encajó mis suaves burlas y me pidió que le grabara una cinta con canciones de Mojave 3 y de Push Kings. Más adelante me pregunté qué sacaba él de mi fanzine. Siempre que se mostraba escéptico con el *statu quo*, yo celebraba una pequeña victoria: «¡Pásate al bando del cinismo desencantado!». Quizá fuera mi influencia, ahora que me había prendido en la chaqueta una estrella roja de fieltro y les decía a todos los que me preguntaban que era marxista.

Un día, hacia la mitad del semestre, nuestro profesor nos pasó *La jetée*, un cortometraje del cineasta francés Chris Marker. Era un sencillo relato sobre una civilización futura que trataba de viajar en el tiempo para eludir su fatal destino. Sentimos la emoción de intentar comprender algo sublime y complejo, combinando nuestros conocimientos básicos de física con nuestro conocimiento aún más básico de Heidegger. Me quedé cautivado con la capacidad de Marker para hacer tanto con tan poco. El corto consiste principalmente en una serie de fotogramas en blanco y negro apoyados por una mínima voz en *off*. Creía que apreciaba su ingenio en un plano más profundo; me recordaba un fanzine. Pensaba que también podría rodar un cortometraje increíble con fotogramas y voz en *off* si se me ocurría una buena historia.

Alquilé *La jetée* en VHS y me la llevé al bungaló para estudiarla por mi cuenta. A Ken también le había gustado y me pidió que lo avisara cuando volviera a verla. Yo me distinguía por la intensidad de mis afectos; mi fascinación por el corto era tan especial que Ken jamás la entendería. Era posesivo con lo que me gustaba. Había comprado el librito de Heidegger para un trabajo de clase cuando él se había limitado a fotocopiar el mío. A los dos nos había gustado *La delgada línea azul*, otra película que nos había pasado el profesor. Pero solo yo llegué al extremo de comprar la banda sonora para escucharla mientras conducía. Quería tener a Marker para mí solo. Le di un plazo demasiado vago sobre cuándo pensaba verla. Pero era una tontería. Ken venía a casa muy a menudo y el alquiler duraba únicamente siete días; era absurdo pagar un recargo solo para verla sin él.

Volvió a cautivarnos. *La jetée* dura veintiocho minutos, por lo que no era difícil rebobinarla y volver a verla una vez tras otra para analizar sus paradojas y posibilidades. Pese al leve impulso de mantener mi enfoque ecléctico, disfruté compartiendo aquella sensación de puro asombro con Ken.

La jetée transcurre después de la Tercera Guerra Mundial. Los únicos humanos supervivientes viven bajo tierra. Los científicos han descubierto un modo de enviar a las personas al pasado o al futuro, pero la mayoría enloquecen durante el viaje. Finalmente, encuentran a un prisionero con la fortaleza mental suficiente para la misión, que consiste en «llamar al pasado y al futuro al rescate del presente». Al hombre lo persigue un recuerdo de infancia anterior a la guerra. Le vuelve en destellos: una mujer hermosa que espera en el aeropuerto, un hombre que muere justo antes de alcanzarla. Son fragmentos de una historia que siente pero que no puede contar.

No obstante, la fuerza de ese recuerdo parece llevarlo a través del tiempo, ofreciéndole una especie de resistencia de la que carecen otros viajeros. No se da cuenta de que el recuerdo es una advertencia, de que el hombre que muere es él, porque quienes tienen el poder ya no lo necesitarán cuando haya salvado el mundo. Está atrapado en un bucle y lo que ha de suceder sucederá. Vimos el corto una y otra vez; en todas, su mundo se acaba.

Ken aprendió a encender cerillas con una sola mano; las arrancaba del librito y las prendía. Yo practiqué hasta que también supe hacerlo. Nos convertimos en auténticos fumadores y disfrutábamos de todo el ritual. Una vez, durante un descanso para fumar mientras estudiábamos, me contó que había visto a su exnovia. Habían salido juntos en el instituto, pero, después de unos pocos semestres en la universidad, aquello parecía pertenecer a otra vida. Estaban sentados en el muelle de una casa junto a un lago, con los dedos de los pies rozando el agua. Ella sentía que el sol era radiante y generoso y quería disfrutar de él. «Siempre he tenido una vida de ensueño», le había dicho. Era popular, amable y guapa; se había criado en la abundancia, pero no estaba consentida. Nada de eso suponía un problema para Ken. Después de todo, la había amado, había amado todas sus bondades. El problema era otro. «¿Puedes creerte que dijera eso?», me preguntó.

Yo no lo seguía. «¿Aún te gusta? ¿Quieres volver con ella?».
«No, no es eso», respondió con un suspiro. Parecía decepcionado también conmigo.

Le dio una calada al cigarrillo. «Siempre he tenido una vida de ensueño —repitió—. De ensueño. —Lo desconcertaba que ella creyera que él podía identificarse con esa sensación—. Yo nunca he tenido una vida "de ensueño"».

La amistad radica en el deseo de conocer más que de ser conocido. A veces, Ken se probaba mis raídas chaquetas viejas o mis recias camisas de poliéster para intentar entender por qué parecía un pordiosero. Era su manera de tomar en consideración lo que yo veía, por qué me comportaba como lo hacía. Oírlo hablar de su desencanto trastocó la idea que tenía de él. Yo disfrutaba siendo el cínico guasón, me sentía cómodo en un perpetuo estado de desarraigo. Ken me parecía la persona menos cínica que conocía, hasta tal punto que había supuesto que, en efecto, tenía una vida de ensueño. Pensé en hacer una broma sobre los peligros de enamorarse de personas blancas, pero decidí dejarlo donde estaba, fuera cual fuese ese lugar. Me di cuenta de cuánto me había equivocado al suponer que su vida era fácil, de un imbatible color de rosa. Incluso tuve el impulso de protegerlo en ese momento, sorprendido y ligeramente sobrecogido por el hecho de que se aferrara a una visión tan ambiciosa de lo que la vida podía ofrecer.

Recuerdo la primera vez que vi a Jesse Jackson hablando en las escaleras de la plaza Sproul, durante nuestro primer año, pidiendo que nos alzáramos en defensa de la discriminación positiva. Parecía increíble estar tan cerca de un héroe y que nos llamara a hacer historia. Unas semanas después regresó, impulsado por alguna otra causa, y, al cabo de unos meses, volvía a estar de vuelta, recordándonos que debíamos ponernos en pie para que se nos tuviera en cuenta. Parecía que Jesse Jackson se pasara la vida en el campus.

Formábamos parte de algo. En noviembre de 1996, los californianos votaron sobre la Propuesta 209, que pretendía eliminar la discriminación positiva en la selección de candidatos universitarios y la contratación pública. Ese semestre, yo había conseguido un trabajo en el centro de apoyo académico de la universidad, donde enseñaba a compañeros que necesitaban ayuda con sus trabajos escritos. Sentado a mi mesa de profesor me admiré por primera vez ante la diversidad de nuestro campus, viendo a futuros líderes empresariales e ingenieros junto a jugadores de fútbol americano y estudiantes de primera generación de Oakland que habían crecido a la sombra de Berkeley. Algunos de nosotros estábamos allí por talentos destacados fáciles de identificar, otros por su potencial, y todos teníamos mucho que enseñarnos.

Me manifesté en las calles en cuanto quedó claro que la Propuesta 209 saldría aprobada. Esa tarde fui a la torre del reloj del campus. Algunos estudiantes se habían encadenado a la barandilla de la cúspide y se negaban a bajar hasta que se revocara la ley. Una mujer acudió corriendo para decirnos que Mario Savio, el famoso activista por la libertad de expresión de los años sesenta, acababa de morir. Pensamos que la aprobación de la Propuesta 209 debía de haber podido con él. Alguien cogió un megáfono y empezó a recitar su discurso acerca de lanzarnos sobre el aparato y poner nuestros cuerpos sobre las palancas de la máquina para que todo aquel odioso sistema dejara de funcionar. Me pregunté cuántas personas más tendrían que unirse a la protesta para que eso ocurriera.

Seguía a la multitud dondequiera que me llevara. A veces, era como si los sesenta no hubieran terminado. Se veían señales por doquier. Leía todos los libros que encontraba sobre los Panteras Negras y después los veía por Berkeley u Oakland, ancianos que aún llevaban sus cazadoras de cuero de la época del movimiento como si fueran chaquetas universitarias de sus tiempos de gloria. Colgué en mi pared una fotografía de los velocistas John Carlos y Tommie Smith alzando el puño en los Juegos Olímpicos de 1968. Después supe que mi profesor de Sociología había estado en Ciudad de México con ellos. Él les había dado la idea de hacerlo.

Empecé a frecuentar la biblioteca de Estudios Étnicos para leer periódicos de movimientos de los sesenta y fotocopiar imágenes para mi fanzine. Fotocopiaba fotocopias de viejos panfletos de protesta hasta que se volvían abstractos, desvaídos y borrosos. El fanzine ya no existía como un medio para sacarle cedés gratis a la gente; ahora lo consideraba parte de aquel movimiento político más amplio en favor de la libre determinación y la libre expresión.

Estaba en el mercadillo de Ashby un fin de semana cuando conocí a Melvin, un hombre mayor que vendía memorabilia de los Panteras Negras: reproducciones en color de carteles antiguos, pines de Huey Newton y Bobby Hutton, casetes de discursos. Le compré una cinta de Stokely Carmichael y un pin de Fred Hampton. Melvin iba vestido como los hombres de las fotos que vendía. Se había unido a los Panteras cuando era joven, en los años sesenta, y aún publicaba un periódico que se llamaba *Commemorator*. Le ofrecí mi ayuda, si la necesitaba.

Un par de semanas después, un lluvioso sábado por la mañana, conduje hasta el pequeño local del Comité Conmemorativo del Partido de los Panteras Negras en Oakland. Me recibieron Melvin y otro hombre. Ambos llevaban cazadoras de cuero y no estaban muy seguros de cómo interpretar mis ganas de ayudar. Me dieron café en un vaso de poliestireno.

El otro hombre había formado parte de la sección de Seattle. Le pregunté si había estado presente en un famoso tiroteo sobre el que había leído o si había coincidido con Leonard Peltier, el activista indígena que había liderado la lucha en el Noroeste del Pacífico. Se tomó un momento para dar un sorbo a su café y sopesar si sería más efectivo complacerme o defraudarme. «Sí —dijo, mirando dentro del vaso—. Me acuerdo de él».

Melvin me señaló el ordenador. Necesitaban ayuda para maquetar algunos de sus artículos. Me explicó que el siguiente número incluiría un importante reportaje sobre un misterioso linchamiento en Anderson, una ciudad pequeña del norte de California. Habían encontrado el cadáver de un hombre negro de unos treinta años colgado de un árbol. Me pasé el resto del día corrigiendo artículos, ajustando pies de foto y asegurándome de que los saltos de página iban donde debían. La portada llevaba una fotografía en blanco y negro del cuerpo mutilado de la víctima. Trastear con tipos de letra y márgenes parecía una labor insignificante ante tales horrores. Cuando terminé, Melvin regresó al despacho y me dio las gracias. Le dejé mi dirección para que me enviara algunos periódicos por correo. Me pidió que los repartiera entre mis compañeros de clase. Era 1997, dijo Melvin, y el Ku Klux Klan había empezado a resurgir. No estaba asustado ni paranoico, solo resignado. Jamás se habían ido.

¿Cómo fueron realmente los años sesenta? De algún modo, nuestra proximidad a aquella época legendaria la hacía parecer incluso más imposible. Estábamos rodeados de gente que había sobrevivido a los acontecimientos descritos en Berkeley en los años sesenta, el documental sobre la orgullosa tradición de protesta de la universidad que nos pasaron durante la semana de orientación. Algunos aún deambulaban por el campus con pancartas, recitando manifiestos dirigidos a nadie en particular. Otros se habían quedado y habían acabado de profesores, defraudados porque nuestra generación se hubiera fragmentado en tantas causas aisladas y volcara sus energías en cosas banales y absurdas. Ellos habían detenido una guerra.

En nuestro curso, había un chico estadounidense de origen iraní que había puesto en marcha una clase optativa sobre el difunto Tupac Shakur dirigida por alumnos. Un día, durante una clase de Literatura Medieval, empezó a pensar en el rapero recientemente asesinado y en cómo el hiphop ofrecía una vía para que las personas de nuestra edad se replantearan los conceptos de heroísmo y caballerosidad. Elaboró un plan de estudios y una lista de lecturas que lo incluía todo, desde la época de su madre, Afeni Shakur, en los Panteras Negras, hasta la comercialización del hiphop en los años noventa. La clase era un proyecto serio y acudieron periodistas de todo el país para admirarse de que pudiera estudiarse música rap en la universidad.

Era emocionante pensar que cualquiera de nosotros podía aportar ideas atrevidas y extrañas al plan de estudios. ¿Era ese el mundo por el que habían luchado nuestros predecesores? ¿Era una universidad diversa un signo de éxito o una prueba de que todos podíamos unirnos en la misma trayectoria aburrida y burguesa? ¿Estaba Tupac desestabilizando nuestro concepto de materia troncal o solo lo acogíamos como un proscrito estadounidense, una prueba más de la formidable capacidad del país para hacerle sitio a todos?

Ken me habló de un seminario de retórica avanzada al que asistía donde la conversación había derivado en el tema de la raza. Los estudiantes empezaron a atacarse unos a otros y se dividieron en bandos enfrentados de blancos y negros. Parecía que estuviera describiéndome una batalla campal en un bar. «Una chica blanca se puso a llorar», dijo, y después empezó a hacerlo más gente. No quedaba claro cuál había sido la postura de Ken en la conversación, si alguien había reparado siquiera en él. Se lanzaron citas textuales sobre connivencia, victimización y racismo aversivo de un lado al otro del aula, las acusaciones pasaron volando a pocos centímetros de su cara, y él estaba en medio, ni blanco ni negro, analizando los gestos y detalles que nadie más captaba. No lloró. Apenas lo habían visto. Mientras me describía las distintas posturas, estaba a la vez electrizado y confundido.

Los dos éramos asiáticos, conscientes de todos los estereotipos sobre valernos y bastarnos por nosotros mismos y ser buenos estudiantes. No obstante, proveníamos de mundos muy distintos. Recuerdo cómo me extrañaba que a veces se le olvidara quitarse los zapatos cuando venía a casa. Durante mi infancia, los estadounidenses de origen japonés parecían representar un extraño modelo de lo que podríamos llegar a ser todos los inmigrantes más recientes, un trampolín hacia un sentimiento de pertenencia que adquiriríamos fluidamente con el paso de las generaciones. Asistí a una clase apasionante sobre el internamiento en campos de los ciudadanos estadounidenses de origen japonés durante la Segunda Guerra Mundial y le hablé de ello. Me dijo que tenía familiares que se habían criado en esos campos y recordó que alguien le había contado que los niños no eran conscientes de la gravedad de la situación porque se pasaban el día practicando deportes de equipo. Me asombró —y me dio un poco de envidia— que pudiera establecer un nexo tan palpable con la historia que aprendíamos en los libros de texto.

Pensaba que aquello explicaba por qué éramos tan distintos. Él se sentía parte de la cultura estadounidense de un modo que yo no podía ni imaginar. Bromeaba sobre lo diferente que habría sido su vida con un nombre como Hiroshi Yamasaki, no el fácil y convencional Ken. Yo no tenía ningún problema en bregar en los márgenes para delimitar un mundo más pequeño dentro del más grande. Mis sueños de convertirme en un escritor serio muy leído se habían desvanecido durante mi primer año, cuando *The Daily Cal*, el periódico universitario, ignoró todos los artículos que le envié. Poco después de empezar segundo, encontré un folleto sobre *Slant*, un antiguo periódico universitario centrado en la comunidad asiático-estadounidense que un par de estudiantes de cuarto intentaban relanzar. La experiencia de un semestre en *Slant* me sirvió para conseguir unas prácticas en un periódico local del barrio chino, donde escribía sobre festivales de cine, exposiciones de arte y funciones de teatro locales. Trabajar para un periódico que conociera la gente normal parecía imposible. Pero me daba igual; no tenía ningún problema en arrinconarme, siempre que el rincón fuera mío.

Durante un tiempo, me pareció que Ken guardaba un asombroso parecido con Henry Cho, un cómico estadounidense de origen coreano al que había visto actuar en la televisión por cable. Cho tenía una sonrisa fácil y afable y un melodioso acento sureño. Era un humorista de lo cotidiano que comentaba la vida desde la perspectiva de un asiático que vivía en el sur de Estados Unidos. Réplicas joviales y modestas al racismo subconsciente. Llevé a casa una fotografía publicitaria suya del periódico donde hacía las prácticas y la coloqué junto a la cara de Ken. Cho no tenía mucho talento ni era muy gracioso, así que supuso que me estaba metiendo con él. Al menos te pareces un poco a alguien que es medio famoso, le expliqué, a alguien que sale en la tele.

Un día, una agente de *casting* de *The Real World* fue a la fraternidad de Ken en busca de posibles candidatos para el *reality show*. A menudo exploraban las fraternidades y sororidades de ese modo, organizando encuentros informales en universidades de todo el país y, a continuación, ofreciendo audiciones a los estudiantes que les parecían interesantes. Ken tenía curiosidad y decidió probar suerte. Yo estaba seguro de que lo elegirían. Incluso empecé a fantasear con cómo podía convertir su estrellato televisivo en material para mi fanzine. Pero, si él esperaba que lo descubrieran, jamás me lo habría reconocido.

Estaban todos en el salón, haciendo cuanto podían para adoptar un aire misterioso pero accesible para el equipo de la MTV. En cambio, Ken le preguntó a la agente de *casting* por qué nunca habían llevado al programa a un estadounidense de origen asiático. *The Real World* había puesto mucho empeño en representar distintas identidades y tipos de carácter. ¿Qué hay de nosotros? «Me dijo que no tenemos carácter para eso», me explicó.

Empecé a burlarme del programa y de cualquiera que intentara participar en él. Nunca se me ocurría buscarme en las películas o en la televisión. Además, éramos demasiado guais para esa mierda. Era cuestión de principios, me explicó. Nuestra generación era más culta, tolerante e interesante que cualquiera de las anteriores. Habíamos visto derrumbarse muros. ¿Y aun así no había sitio para personas como nosotros en la versión de la realidad de aquella poderosa agente de *casting*?

Ken quería verse a sí mismo en el mundo. Era como si acabara de darse de cuenta de que esa posibilidad podía no darse. «Soy un hombre sin una cultura», dijo, y me sorprendió tanto el tono dramático del comentario como el hecho de que ya se considerara un hombre.

En esa época pasábamos mucho tiempo hablando de *sitcoms*, intentando recordar las más raras, que solo duraban una temporada, identificando todos los tópicos o personajes tipo que habían hecho de la televisión un medio tan gratamente previsible. Elaborábamos listas de todas las veces que recordábamos haber visto un repartidor asiático, quizá incluso un personaje terciario asiático en la periferia del grupo principal de amigos. Yo pensaba que solo estábamos perdiendo el tiempo y pasando el rato. Pero Ken estaba formulando una teoría sobre el mundo.

¿Qué significa ser verdaderamente uno mismo? Alrededor de esa época, a mediados de los noventa, el filósofo canadiense Charles Taylor empezó a reflexionar sobre cómo las personas habían abordado la cuestión de la identidad individual a lo largo de la historia. Antiguamente, no existía tal cosa. La gente nacía con una posición bien definida, trabada en una jerarquía, y aceptaba que el orden natural de las cosas era ese. Con la disolución de los lazos feudales del mundo antiguo, surgieron nuevas posibilidades de movilidad económica y social y aquella transitoriedad emponzoñó el alma. Empezamos a preguntarnos si poseíamos una esencia innata que podría aflorar si nos despojábamos de nuestras capas externas. O quizá no había nada innato y estábamos siempre redescubriéndonos, recreándonos y revisándonos. En algunos, aquello se manifestó como una especie de errancia y búsqueda interminables; otros sintieron que la posibilidad de reivindicar una identidad propia les confería poder. No obstante, todos buscaban lo mismo, la cualidad que los definía como individuos.

Taylor llamó a esto autenticidad y se convirtió en la meta inalcanzable de la vida moderna. Es un concepto que solo tiene sentido en su ausencia; reconocemos la inautenticidad, la falsedad, cuándo alguien finge claramente ser quien no es. No obstante, el esfuerzo por sentirnos auténticos es muy real, aunque sepamos que es en vano. Según Taylor, todos nos convertimos en una especie de artista que lucha creativamente con los parámetros de su propio ser. Él lo describió como una actitud en la que «ser fiel a mí mismo significa ser fiel a mi propia originalidad, que es algo que solo yo puedo articular y descubrir. Y al articularla, también estoy definiéndome a mí mismo». Aunque todo lo dicho parece muy ombliguista, ser fiel a uno mismo no puede ocurrir en el vacío. La construcción de la personalidad es un juego, y este requiere enfrentarse a las expectativas de los demás. La autenticidad, explica Taylor, requiere dialogar y nace de la interacción con quienes nos rodean. Buscamos reconocimiento, aunque lo que quieras oírle decir a un buen amigo sea que eres un bicho raro único en su especie al que nunca llegará a entender.

Aquel invierno pasé una noche en vela para terminar el quinto número de mi fanzine. Incluía una página con una lista de mis sitios web favoritos («fabuloso sitio web sobre Karl Marx», «grabaciones en directo de Pavement, todas en RealAudio»), anécdotas de las *raves* organizadas en almacenes de Oakland a las que iba a bailar solo, un reportaje sobre un festival de cine asiático-estadounidense que había escrito durante mis prácticas en el periódico, un poema de una *skater* muy guapa que había conocido a través de Anthony. Me entristecí cuando recibí su poema y vi que trataba de un chico que le gustaba y que claramente no era yo. En consecuencia: reseñas de muchos sencillos ñoños que proclamaban la timidez como virtud. Un reportaje a doble página de mis sitios favoritos del campus para ir en monopatín, una lista de mis siete películas preferidas de los años ochenta rodadas en Hong Kong.

«Los fanzines son una metáfora de la vida —escribí en el editorial—. Son nuestra creación, nuestra voz y nuestra vida [...], una forma de expresión que nadie puede pervertir y que todos pueden aceptar/odiar [...] Cread, destruid y revolucionad. A nadie va a importarle lo que no digáis, si eso tiene sentido. Así que atreveos y grabad un vídeo, haced ruido, escribid un fanzine y dejad vuestra huella imborrable en el mundo».

Los escondí dentro de revistas y periódicos en los cafés Wall Berlin y Milano. Por fin había convencido al encargado de Cody's para que se quedara unos cuantos en depósito. Le regalé uno a un dependiente de la elitista tienda de discos de University y una semana después vi que lo había puesto a la venta. Me halagó que pensara que alguien pagaría por él.

Había una organización en la universidad que parecía demasiado vehemente en su defensa de la discriminación positiva. De hecho, no estaba claro si alguno de sus miembros estudiaba en Berkeley. Una vez, se indignaron por una columna de *The Daily Cal* que los había criticado y organizaron una concentración junto a un quiosco que distribuía el periódico gratuito. Un hombre con un megáfono gritó: «¡Quiero que cojáis un montón de *Daily Cals* fascistas y los tiréis a esa fuente!». Un compañero le susurró al oído: «Ah, sí, es verdad. Quiero que cojáis un montón de *Daily Cals* y los recicléis». Corría el rumor de que la organización estaba financiada por la CIA para desacreditar al resto de activistas de la universidad.

Un día, Ken y yo íbamos a clase cuando nos encontramos con una de sus manifestaciones en la puerta de Sather. A los dos nos pareció deprimente su protesta, aunque por motivos distintos. Yo había empezado a impartir clases particulares en un programa extraescolar en Oakland, lo que me había introducido en aquel mundo de activistas universitarios. Había heredado su desconfianza hacia aquella organización y su retórica exagerada. En el caso de Ken, se debía más a su pragmatismo. Valoraba las soluciones estratégicas; quizá podríamos luchar contra aquello en los tribunales. «¿Qué esperáis conseguir con esta protesta?», preguntó a un grupo de organizadores. «Concienciar a la gente sobre nuestra situación», explicó una mujer dándonos un panfleto. No me quedó claro a qué se refería, ya que, siendo blanca, no era un objetivo obvio de los intentos de la derecha de volver a segregar la sociedad. Ella y sus compañeros impedían el paso por la puerta. A su lado, había un pasillo abierto para acceder al campus y, sobre él, un cartel destinado a avergonzar a todos los que siguieran su camino: «Solo hombres blancos».

No éramos hombres blancos; eso lo sabíamos. Simplemente, no sabíamos cómo explicar quiénes éramos, no en el espacio de un cartel de protesta. Ken me propuso escribir juntos un artículo de opinión para el periódico universitario. Intercalé algunos chistes sarcásticos entre sus preguntas serias y reformistas. Aquel movimiento necesitaba barricadas y organizadores de base tanto como necesitaba aulas, acciones legales, personas que trabajaran por un cambio paulatino desde dentro del sistema. Despreciar a aliados que solo intentaban ir a clase parecía absurdo y alienante, más aún cuando, de hecho, no éramos hombres blancos. Terminamos nuestro artículo con una petulante nota de júbilo, satisfechos de haber expuesto su estrechez de miras.

Al cabo de unos meses, comprendería que estar en público, gritando, coreando, cantando, denunciando el mal, no siempre se hace para intentar lograr algo. A veces, solo se trata de que nuestra voz se funda con el resto. Del anonimato de estar entre una multitud de gente, sabiendo que nos apoyamos unos a otros. Experimentamos más emociones de las que somos capaces de asimilar, así que le gritamos a alguien, aunque sea la persona equivocada.

Pero, en ese momento, no estábamos seguros de qué hacer, así que simplemente cruzamos la puerta.

Ken y yo estábamos estudiando en la biblioteca, debajo de nuestra placa. Le pregunté si quería salir a fumar.

Me encantaba pasear con él. Una pareja dispar que transitaba por el mundo. Nos fijábamos en las mismas cosas, apreciábamos los pequeños momentos de belleza y extrañeza de la vida diaria, como la inconfundible voz ronca del hombre de la pizzería cuando gritaba: «¡Pizza! ¡Con queso! ¡Recién hecha!» a los transeúntes. Se convirtió en parte de nuestro lenguaje cotidiano, una señal de que era hora de comer. Si nos encontrábamos con alguien, la resuelta seguridad de Ken le confirmaba que yo también era resuelto y seguro a mi manera contracultural.

Cuando nos terminamos el cigarrillo, ya estábamos en Telegraph. Le pregunté si quería acompañarme un momento a Amoeba.

Una tienda de discos tiene una energía distinta después de oscurecer. Está repleta de personas que se han aventurado en la noche en busca de algo. Ken me siguió de pasillo en pasillo. Le enseñé una caja recopilatoria de todas las sesiones de grabación de *Pet Sounds* de los Beach Boys, un álbum en el que me había interesado hacía poco. Mis padres no tenían ninguno de sus discos cuando era pequeño, lo que yo consideraba una decisión bien fundamentada. No obstante, busqué *Pet Sounds* después de leer un artículo sobre el perfeccionismo obsesivo de

«God Only Knows», uno de sus temas más famosos. Resultaba que los Beach Boys eran bastante buenos.

Todo lo referente al grupo carecía de autenticidad: de hecho, solo uno de ellos surfeaba, eran de interiores más que de exteriores y las buenas vibraciones que pudieran generar no eran buscadas. Sus alegres armonías eran menos un reflejo de colaboración y amistad que del excesivo control del líder de la banda, Brian Wilson, quien se obsesionó tanto con plasmar en sonidos sus visiones psicodélicas que estuvo a punto de perder la razón.

Le señalé a Ken las siete versiones distintas de «God Only Knows», una canción que se había convertido en una pieza clave de nuestro mundo. «¿Es un disparate?», me pregunté en voz alta. «Necesitas esto —dijo Ken, sabiendo que era lo que quería oír—. ¡Siete versiones!».

Cuando llegó el momento de grabar «God Only Knows» en 1966, Brian le pidió a su hermano Carl que la cantara. La pureza y la ternura de Carl tenían algo de lo que carecía el genio autoritario de Brian. Carl se vuelca en lo que canta, a punto siempre de quebrarse, solo el ritmo constante y fluido de la canción le permite seguir hasta el final. Yo había supuesto que el estilo de liberación de los años sesenta era desenfrenado y frenético. En aquel tema, las armonías tenían una intensidad más propia de una secta espiritual.

Ken y yo regresamos a la biblioteca. Recogí mis cosas y corrí a casa para escuchar mis nuevos cedés. Había una versión de «God Only Knows» que ofrecía un atrevido solo de saxo; otra que incluía únicamente las voces; una que se reducía a los coros y otra más que destacaba las cuerdas. Fue decepcionante escuchar la canción deconstruida en aquellas partes.

No porque me parecieran insustanciales y flojas, sino porque había escuchado la original tantas veces que había adquirido un aura específica. «God Only Knows» sugería la posibilidad de anhelos más allá del amor. No lograba encontrar aquellos sentimientos en la propia canción. ¿Estaban en la letra, en los tristes versos sobre distanciarse y encontrar un nuevo propósito? ¿Se hallaban en la vibración mágica de las voces al entremezclarse, en el hecho de que Carl evocara sensaciones que Brian podía componer pero jamás transmitir? Quizá no estuvieran tanto en la canción como en las veces que la había escuchado, en los recuerdos que iban apilándose unos sobre otros.

En tercero, Anthony y yo nos mudamos a un bloque de pisos de Channing Way. Paraag ya vivía allí con Sean, un indio bravucón que estudiaba Económicas. Sean tenía una placa de matrícula personalizada donde ponía TRONADO y, pese a ser de Chino, un barrio residencial relativamente tranquilo del valle de San Bernardino, alegaba que también tenía parte de neoyorquino por el breve periodo que había vivido en Nueva Jersey cuando era pequeño. Sean siempre estaba fanfarroneando y buscando pelea, lo que aportaba a nuestro grupo una energía adorablemente caótica.

Nuestro nuevo hogar solo estaba tres manzanas más al oeste, pero, de repente, vivíamos cerca de un puñado de amigos: Paraag y Sean ocupaban un piso al final del pasillo; Gwen vivía calle arriba, en la esquina de Channing Way con Fulton; y a una manzana de ella, Alec y Sammi compartían un pisito de dos habitaciones situado detrás de una gasolinera.

Nuestro piso de Channing Way solo tenía un dormitorio, por lo que Anthony a menudo pasaba la noche en casa de su novia Wendy. Llené las paredes de folletos de conciertos, fotocopias de periódicos de los sesenta y carteles y pancartas de protesta. Mi mesa —una puerta apoyada en dos archivadores— ocupaba una pared entera del salón. Ahora, no solo tenía sitio para un equipo de música y mi colección de discos, sino también para un escáner, que utilizaba para mi fanzine. En vez de poner a prueba los límites de las fotocopiadoras, podía manipular las imágenes en mi ordenador. Quizá podía ser diseñador gráfico de mayor.

Esa vez, el regalo de Ken por estrenar casa fue un reloj modernista sin números, solo una esfera blanca con las manecillas de los minutos y las horas bien visibles. Yo era muy quisquilloso con los regalos que me parecían poco detallistas. Un año, un grupo de amigos se juntó para regalarme un busca, aunque yo era claramente la clase de persona que se resistía a llevar dispositivos de ese tipo. Cada vez que pagaba la factura a final de mes, me acordaba de lo incomprendido que me sentía. Ken pensaba que el reloj era de mi estilo. Era guay, en un sentido pretencioso y adulto, y me encantó.

Ken también se marchó de la residencia de su fraternidad ese año. Vivía con un par de amigos en avenida College, en una parte totalmente distinta de Berkeley. «¿Es siquiera Berkeley? ¿Es la parte bonita de Oakland?». Yo tenía que ir en coche. Bajábamos por College para estudiar en el café Espresso Roma, lleno de estudiantes de Berkeley que no había visto nunca, o comer en un restaurante japonés y, de vez en cuando, nos dábamos el capricho de tomar un aperitivo. Luego regresábamos y nos sentábamos en su balcón, a la sombra de los árboles, donde nos poníamos a fumar. Ken empezó a comprar la marca Nat Sherman y más adelante, después de verla en una película, la Export As. A uno de sus compañeros de piso, que era blanco, le encantaban los chistes de mal gusto sobre asiáticos, que Ken me contaba con pesaroso hastío. Parecía mayor. Quizá fuera hora de dejar la fraternidad, pensaba en voz alta, o al menos de centrarse en los estudios durante los dos últimos años. Con una cierta luz, a determinadas horas de la tarde, su cabello parecía plateado. Había sido largo y ondulado una vez, castaño dorado, y ahora se lo rapaba de vez en cuando con la maquinilla.

Me preguntó si quería fundar un club con él. La Alianza Multicultural de Estudiantes sería una especie de hermandad. Un profesor de Estudios Étnicos había dado una inspiradora charla sobre cómo los movimientos de los años sesenta le habían enseñado lo que significaba ser chicano. Ken pensaba pedirles a personas como aquel profesor que nos orientaran, nos instruyeran sobre nuestras respectivas historias, nos hablaran de sus experiencias cuando tenían nuestra edad y nos ayudaran, quizá, a conseguir prácticas o trabajos. Parecía lógico empezar a pensar en el futuro cuando estábamos en tercero. Le dije que me recordaba demasiado a su fraternidad. Deberíamos luchar por una causa más radical que la inclusión multicultural, añadí. ¿Por qué no dedicarnos a derribar todo el podrido sistema? De lo contrario, solo sería una manera de hacer contactos, ¿y era realmente eso por lo que el profesor había luchado tanto en su día? Sería perder el tiempo, el nuestro y el suyo. Ken se molestó, pero no se desanimó. Pensaba que un club así podría beneficiar a muchas personas. Siguió adelante, encargó algunos distintivos y montó una mesa en la plaza Sproul con un compañero que no reconocí.

Me había aburrido de mis clases de Ciencias Políticas, de todas las discusiones sobre el desarme, la cultura del litigio estadounidense, los entresijos de los *lobbies*. Asistía a tantas clases de Estudios Étnicos y Asiático-Estadounidenses como podía, sumergiéndome en las tradiciones que nos habían precedido. Me reconfortaba escarbar en el pasado y preguntarme si nuestra generación podría reavivar algunos de aquellos momentos de solidaridad y activismo. Por principios, dejé de leer ficción. Quería conocer únicamente las historias que nos habían negado.

Empecé a colaborar como voluntario en el Proyecto Juvenil del centro comunitario de Richmond, que trabajaba principalmente con chicos de secundaria del Sudeste Asiático. No tenía muy claro cómo se emprendía una carrera en investigación o diseño gráfico, por lo que pensé que la enseñanza sería un buen plan B. El centro comunitario estaba ubicado en un centro comercial prácticamente vacío, justo al lado de la autopista. Los pocos locales ocupados ofrecían sus servicios a una ciudad venida a menos que había sido próspera por sus astilleros: una pequeña iglesia con un salón recreativo delante; una tienda de pelo sintético; un solitario reclutador militar; grafiti en tres o cuatro idiomas.

Todos los viernes por la tarde, los voluntarios de Berkeley quedábamos cerca del bosque de eucaliptos, en una parte del campus que yo ni siquiera sabía que existía. Fue una lección de humildad darme cuenta de cuánta parte de la universidad continuaba siendo un misterio, aunque nosotros la reivindicáramos como un lugar propio con el que teníamos un vínculo único y especial. Esperábamos a que la gente con coche nos recogiera para llevarnos a Richmond. Yo era reacio a conducir por un lugar tan desconocido. Estaba a unos veinte minutos al norte y nos íbamos conociendo por el camino: ciudades de origen, estudios, opiniones sobre el hiphop comercial frente al underground. Decidí que tenía que escuchar más hiphop underground.

Todos éramos estadounidenses de origen asiático; mis compañeros me parecían personas que podía haber conocido ya, solo que sus padres eran conductores de autobús o trabajadores de restaurantes, activistas de los setenta o pastores de izquierdas, no ingenieros. Envidiaba lo cómodos que se sentían siempre que íbamos a Richmond. Había algunas chicas de Oakland que eran las primeras de su familia en ir a la universidad; habían estado en proyectos como aquel cuando eran más jóvenes. En cambio, mi trayectoria era previsible, carente de interés. En aquellas primeras semanas, no fui nunca delante. Me sentaba detrás y escuchaba.

Éramos veinteañeros que enseñaban a adolescentes a prepararse para el futuro. La tarde no tenía una estructura definida; simplemente, pasábamos el rato, hablábamos de lo que ocurría en la vida de nuestros pupilos o hacíamos juntos los deberes. Casi todos ellos eran mien, una minoría étnica originaria de China. Entre los siglos XVII y XIX, huyendo de la persecución de la mayoría han, se habían extendido poco a poco por todo el Sudeste Asiático. Se asentaron en las tierras altas de Laos, donde subsistieron como agricultores, en gran parte aislados. En los años sesenta, cuando la guerra de Vietnam asoló la región, los estadounidenses los reclutaron para ayudarlos a frenar el avance del Vietcong. Hombres con escasos conocimientos de la tecnología moderna pasaron a manejar ametralladoras. Dos millones de toneladas de bombas cayeron sobre Laos, lo que destruyó los bosques de los que dependían los mien y contaminó sus reservas de agua. Cuando los estadounidenses se marcharon, los mien supervivientes se refugiaron en Tailandia y después en Estados Unidos. Entre 1976 y 1995, se establecieron allí unos cuarenta mil refugiados mien. Llegaron a lugares como Richmond, próximos a trabajos poco cualificados y viviendas asequibles.

Nuestros pupilos tenían una vaga noción de todo aquello, gracias en parte a sus familias y al centro. Yo conocía aquel capítulo de la historia por una clase de Estudios Asiático-Estadounidenses sobre la diáspora del Sudeste Asiático a la que asistía. Había aspectos de su vida que me resultaban familiares. Sus padres estaban ocupados trabajando en todo lo que podían y, si mantenían lazos con el pasado, tenían más que ver con las tradiciones familiares que con la política. Palabras como «genocidio» y «trauma» estaban prohibidas.

Al cabo de un tiempo, empecé a ir a Richmond en mi coche. Trabajaba sobre todo con los chicos de primero de secundaria, que parecían compartir la ropa, intercambiándose los vaqueros, usados y extremadamente anchos, las sudaderas Nike y los cortavientos. Una camiseta de manga larga de FUBU para las ocasiones especiales. Tenían el pelo rapado en los lados y un flequillo desafilado con la raya en el medio, por lo que siempre llevaban la cabeza ligeramente adelantada. Yo pensaba que estar presente y tener paciencia era suficiente, dado que no tenía mucha perspectiva sobre los detalles de su vida. El hecho de que todos fuéramos asiáticos me importaba más que mis pupilos. Para mí, estadounidense de origen asiático era una categoría que, pese a ser confusa y arbitraria, era producto de una lucha colectiva. Tenía espacio suficiente para contener todas nuestras esperanzas y energías. Había similitudes que trascendían la nacionalidad y la clase social: los padres poco comunicativos, la importancia cultural de la comida, el hecho de que todos nos quitáramos los zapatos en casa. Nuestros jóvenes alumnos solo tenían que darse cuenta de que aquella comunidad también era para ellos. Su forma de ver el mundo estaba impregnada de un tribalismo cotidiano. El orgullo asiático existía como tal. Pero solo en el sentido de ser mien, hmong, quizá laosiano o vietnamita. Como estadounidense de origen taiwanés cuyos padres habían llegado décadas antes para cursar estudios de posgrado, yo podría ser de Marte. Los chicos adoptaban muchas cosas de sus compañeros negros y tenían probablemente más en común con ellos que con personas como yo. Una tarde, mientras llevaba a algunos a casa, unos adolescentes del carril contiguo nos miraron mal. No eran mien. Uno de mis pupilos sacó una pistola —que yo no sabía que llevaba— y el otro coche se alejó a toda prisa. Mi alumno lo señaló y se rio: «Putos chinos». Sentí curiosidad por saber dónde encajaba yo en su tipología, pero no la suficiente para preguntarles.

Yo era uno de los mentores más callados y, como rara vez les decía a mis pupilos lo que tenían que hacer —aparte de que no volvieran a meter una pistola en mi coche—, probablemente parecía majo, si bien un poco blando. Ellos disfrutaban viendo hasta dónde podían llegar conmigo. Pero yo era una presencia constante y un chófer dispuesto. Y en cuanto empecé a burlarme de su manera de vestir o su peinado, nos llevamos bien. Cada vez que surgía por azar un momento de sinceridad, les hacía promesas. Siempre y cuando se esforzaran y no dejaran los estudios, todo iría bien. Entretanto, yo seguiría llevándolos al centro comercial o al cine los fines de semana. Quizá acabaran yendo a Berkeley, como todos sus mentores.

A nuestro regreso, los voluntarios hablábamos de lo que significaba orientar a personas a las que solo les llevábamos unos años. Nuestra principal autoridad emanaba del hecho de ser universitarios. No obstante, si la universidad solo era un modo de perpetuar la desigualdad, preguntó uno de mis amigos, ¿por qué ofrecerles una educación superior como respuesta a sus problemas? ¿Por qué deberíamos animarlos a ir a la universidad? En esa época, el 40 % de la población estudiantil de Berkeley era asiática, pero estaba constituida en su mayor parte por estudiantes de clase media cuyas familias procedían de Japón, Corea del Sur, India o la diáspora china. Para nosotros, un centro educativo público como Berkeley representaba una buena oportunidad, no una tabla de salvación decisiva. Nuestros alumnos de Richmond se habían identificado como jóvenes en situación de riesgo. Pero no solo corrían el riesgo de sucumbir a males concretos, como las pandillas y las drogas, que siempre estaban presentes. El riesgo más general era que entraran demasiado rápido en demasiadas parcelas del mundo, que jamás tuvieran ocasión de descubrir su potencial a su manera, significara lo que significase eso.

En aquellos primeros tiempos de internet en los que apenas había control, el mundo virtual era vasto pero manejable. Parecía un mundo que podíamos llegar a dominar. Solo había un número finito de espacios para explorar. Podíamos pasar mucho tiempo en ellos, pero no tanto. Sobre todo, nos dábamos cuenta de que la gente se aburría en todas partes. Habíamos acudido allí para encontrar a otros con los mismos intereses poco comunes que nosotros. La gente construía sitios web, altares a sus héroes, que, por supuesto, eran demasiado guais para usar un ordenador. Internet estaba llena de regalos, de desconocidos que se ofrecían caramelos, que compartían experiencias y sentimientos con quienes pensaban parecido y tenían curiosidad. La generosidad era el motor que lo impulsaba todo.

A principios del siglo xx, el antropólogo Bronisław Malinowski viajó a las islas Trobriand, parte de la actual Papúa Nueva Guinea, para estudiar la práctica del intercambio de regalos en la región. Los isleños recorrían grandes distancias para ofrecerse collares y brazaletes simbólicos sin ningún valor aparente. Malinowski creyó estar observando una especie de poder blando. El intercambio de regalos no era una forma de altruismo, dado que se esperaba reciprocidad. Y no era al azar, dado que el flujo de regalos seguía pautas identificables. Por el contrario, sostuvo que aquel acto de dar y recibir los unía a todos en un proceso político. La expansión de aquellos intercambios por las islas representaba una expansión de la autoridad política.

El sociólogo Marcel Mauss consideraba insuficiente la explicación de Malinowski. Opinaba que hacía demasiado hincapié en la transacción en vez de centrarse en cómo se experimentaba el sentimiento de estar en deuda. En 1923, publicó *Ensayo sobre el don*, donde comparaba las redes insulares de Malinowski con la práctica de hacerse regalos de otras sociedades, como las tradiciones indígenas de las Américas o los sistemas de propiedad comunal de China. Mauss introdujo la idea de la reciprocidad diferida. Damos esperando recibir. No obstante, a menudo damos y recibimos en intervalos intermitentes, a veces arbitrarios. Es en ese lapso de tiempo donde surge una relación. Quizá los regalos sirvan a fines políticos. Pero Mauss también creía que reforzaban los lazos entre las personas y las comunidades. Nuestra obligación no se limita a devolver el regalo en una proporción de uno a uno. Nos debemos al «espíritu del don», una especie de fe compartida. Cada gesto lleva consigo un deseo de contacto, de ampliar el círculo de asociaciones.

No era que nos imagináramos en un espacio libre del mercado, aunque nadie que yo conociera tenía la menor idea de cómo ganar dinero en internet. ¿Residía en los diez pavos mensuales que yo pagaba por AOL? Todo el mundo compartía en la red su alegría y sus conocimientos esotéricos. Alguien creaba una página web sobre nuestro grupo favorito; quizá nos lanzábamos a montar otra sobre nuestro segundo grupo favorito. Publicábamos una lista de cintas para intercambiar, no para vender. Yo utilizaba mi fanzine como excusa para preguntar a integrantes de bandas o a miembros influyentes de las listas de correo por lo que hacían con su vida, por cómo pasaban su tiempo libre, si la mayoría de sus amigos eran reales o virtuales. Nunca me gastaba los billetes de un dólar que la gente me enviaba por mis fanzines. Eran más que dinero.

Anthony se fue a estudiar a Sevilla durante el otoño de nuestro tercer año, por lo que Ben, un afable estudiante blanco de Biología de Ojai, se mudó al piso con poco más que una mesa de dibujo y una bicicleta ligera de última generación. Ben estudiaba a todas horas. Algunas noches, venían Ken y Sean y explorábamos juntos las salas de chat de AOL. Sobre todo, entrábamos en las conservadoras. Las personas que se veían atraídas por aquel chat se sentían aisladas por alguna razón, como si su entorno las hubiera empujado a sentarse frente al ordenador y, después, a aventurarse en el ignoto mundo virtual en busca de contacto. Creé un nombre de usuario distinto y nos hicimos pasar por un hombre blanco culto de mediana edad, posiblemente dueño de un pequeño negocio. Todos los otros miembros de la sala se sentían como extraterrestres en un mundo hostil y lamentaban en qué se había convertido la sociedad. Los escuchamos y estuvimos de acuerdo en que todo era mucho mejor en nuestra época. Luego, como solución, propusimos el socialismo. Nos reímos tanto de aquellos viejos estadounidenses que se nos saltaron las lágrimas.

Siempre me parecía que mis amigos se perdían algo pasando de aquella manera sus preciadas noches de viernes o sábado. Las más de las veces, yo ya estaba al ordenador de todos modos. Pero ellos podrían haber estado por ahí, emborrachándose, conociendo chicas, haciendo el loco. En cambio, estaban apiñados delante de mi ordenador, criticando a desconocidos y escuchando mis discos. Entre canción y canción, cuando había silencio, el reloj de Ken marcaba los segundos por encima de nosotros. Los amigos del final del pasillo regresaban después de una fiesta o una cita romántica y nos veían ahí sentados, bromeando sobre el «capitalismo humanitario» en una sala de chat, y sacudían la cabeza, asombrados de que hubiéramos preferido pasar la noche así.

Al final, nos apretujábamos en mi coche e íbamos a una tienda de dónuts en San Pablo que abría toda la noche. No soportaba que mis amigos hablaran mientras estaban puestos mis temas y aún soportaba menos que Ken los animara a cantarlos, sustituyendo las armonías perfectas de «God Only Knows» por sus desgarradas cadencias. Era mi coche, pero ya no era mi reino. Sean, Ben y Ken disfrutaban de lo lindo cantando bien alto y desafinado.

Al principio, a lo mejor solo lo hacían para fastidiarme: tres jóvenes cantando y uno suplicándoles que pararan. Pero después se convirtió en un ruido que nos hacía sentirnos seguros, quizás incluso mejor que el original. En la inmediatez de la canción, con el paso de los segundos, la experimentábamos como una comunidad —como una visión del mundo que vibra unido—. Nos hacía cosquillas en los oídos y después en el resto del cuerpo, mientras nuestra voz se fundía con las demás. La violenta disonancia cuando uno, y después otro, desafinaba y todos nos apartábamos de la melodía para cantar nuestra propia versión improvisada. Por fin sentía en mi cuerpo cómo actuaba la música. Un coro de no creyentes conectándose con Dios. Una confluencia de armonías capaz de prevalecer sobre letras acerca de derivas y catástrofes, una canción como prueba de que las personas pueden colaborar. En el aparcamiento, nos quedábamos en el coche hasta que terminaba la canción. Los dónuts no eran muy buenos, pero al menos le proporcionaban un destino a nuestro coro itinerante. Compartíamos algo, una mezcla de delirio y fraternidad.

Ken llevaba meses esperado pacientemente a que Abercrombie & Fitch repusiera las existencias de una determinada chaqueta. Era azul, con una ancha franja crema en la pechera recorrida por otra roja más fina. La prenda era holgada, con un suave forro de franela gris oscuro. Aquella combinación de colores estaba agotada en el Área de la Bahía de San Francisco, pero había encontrado un Abercrombie en San Diego, cerca del aeropuerto, al que le quedaba una en *stock*.

Me lo explicó todo en cuanto me vio en la cinta de equipajes. Eran las vacaciones de invierno de nuestro tercer año. Yo acababa de llegar a San Diego en un vuelo de primera hora desde San Francisco. Estaba deseando volver a dormirme. Habíamos despegado siendo aún de noche y en ese momento lo era solo un poco menos. Ken me aseguró que podría echar una cabezada en el coche. «Solo tenemos que pasar por el centro comercial». No disimulé mi enfado y él empezó a burlarse de mi recia parka militar forrada de piel. Estábamos a casi veinticuatro grados en el exterior. Me la había comprado después de los exámenes finales, un par de días antes, y me había convencido de que quizá haría suficiente frío para llevarla en aquel viaje, aunque en el sur de California jamás hacía tiempo de otra cosa que no fuera manga corta.

Nos sentamos en la zona de restaurantes y esperamos a que abriera el resto del centro comercial. Ken había ido a bailar *swing* la noche anterior y estaba orgulloso de sus progresos. Había llegado tarde a casa y sus padres ya dormían, pero, de algún modo, había convencido a su madre para que se levantara a bailar con él. Yo lo escuchaba mientras me comía un bollo de canela. Abercrombie abrió por fin y le dije que me quedaría fuera. No quería romper mi tradición de no haber puesto nunca un pie en ninguna de sus tiendas. Salió con una sonrisa de oreja a oreja. La chaqueta haría juego con su nueva gorra roja de los Cuban Sugar Kings. Solo eran las diez de la mañana y ya era un gran día.

Resultaba agradable estar con los padres de otra persona, en un hogar con normas y códigos distintos. Tener que acabarme toda la comida, por mucha que su madre siguiera poniéndome en el plato. Las afectuosas preguntas de su padre sobre las clases y mi carrera. En la universidad, nos sentíamos adultos, ahora que habíamos elegido carrera y nos apañábamos con la lavadora y en la cocina. Pero dormir en la habitación de infancia de Ken me recordó los que éramos antes. Ese pequeño mundo en el que Ken era un hijo travieso y un hermano menor pesado y yo era su amigo rarito que se había llevado una recia parka de invierno a San Diego. Me pregunté si me ajustaba a sus descripciones de mí. «Sí, señora, así es. De mayor me gustaría ser investigador». Sentaba bien prometerle a su madre que íbamos camino de alguna parte.

Ken y yo pasamos los dos días siguientes dando vueltas por El Cajón, comiendo burritos en sitios que acababan en «-berto's». Como conducía él, escuchábamos su música. Había empezado a bailar *swing* después de ver la película *Swingers*. (Me figuraba que aquella era la música que ponían en Abercrombie.) Acababa de comprar el cedé de Cornershop, que a mí me gustaba y a su hermana le irritaba. Cuando sonó «Crash into Me» de la Dave Matthews Band, subí la ventanilla por si alguien se paraba a nuestro lado en el semáforo. Era espantosa. Aun así, admiré la manera en la que Ken se perdía en su música, cómo su fuerza vital se mezclaba con los murmullos y suspiros de Matthews.

Ken me llevó a CD City, una tienda de un centro comercial que, pese a su nombre, vendía casetes de segunda mano. Encontré una cinta de Biz Markie, pero poco más. Él compró una casete de los Blues Brothers y el nuevo álbum de Missy Elliott. Mientras íbamos en busca de nuestro próximo burrito, en la radio pusieron «Dangerous» de Busta Rhymes. Me preguntó si había visto el vídeo, el que parodiaba *El último dragón*. «No —respondí—. La verdad es que ya no veo la MTV. Y *El último dragón*..., ah, sí, la conozco —no la conocía—. Pero no me acuerdo, hace tanto... Bruce Lee, ¿no?». «¿No sabes quién es Sho'nuff? ¿En serio? La veremos esta noche», me aseguró.

A última hora, paramos en un 7-Eleven para que Ken comprara tabaco. Aún hacía calor. Esperé en el coche y lo observé mientras charlaba con el dependiente. Era como ver una película, la manera como la tienda iluminada destacaba en la oscuridad de la noche. Me asomé a la ventanilla para fotografiar el cartel del 7-Eleven. Cuando regresó, Ken me dijo que el dependiente le había preguntado por qué hacía fotos el tipo del coche. «Probablemente para su fanzine», había contestado, sin molestarse en darle más detalles.

El único sitio en el que podía desenrollar mi saco de dormir era un estrecho hueco entre el pie de la enorme cama de Ken y su cómoda, encima de la cual había un gran televisor. Me aseguró que no corría peligro, ya que, si el televisor se volcaba, no había suficiente espacio para que me cayera encima. Era bien pasada la medianoche y mi avión de regreso a San Francisco salía al día siguiente temprano. Pero Ken sacó su cinta VHS de *El último dragón*. El título completo, por alguna razón, era *El último dragón de Berry Gordy*. Mis gustos eran raros e imprevisibles, y no tenía mucho interés por nada que fuera popular, sobre todo si me lo había perdido la primera vez. Ken me prometió que merecería la pena: «Veamos solo el principio». Pensé que conseguiríamos ver la primera escena antes de quedarnos dormidos.

Al cabo de unos diez minutos, estaba convencido de que *El último dragón de Berry Gordy* era la mejor película de la historia. Era una comedia de kungfú con un reparto en el que predominaban los actores negros, centrada en el joven Leroy Green —también conocido como Bruce LeeRoy— y su búsqueda de «el Resplandor», una energía mística que solo los mejores artistas de artes marciales son capaces de controlar.

Leroy está profundamente confundido acerca de su identidad y vaga por Nueva York, feliz en su ignorancia, mientras quienes lo rodean cuestionan sutilmente su negritud. Parece casi asiático en su fuero interno, ya que su viaje espiritual lo lleva a los callejones del barrio chino en busca del sabio y reservado maestro Sum Dum Goy, de quien Leroy cree que es el protector del Resplandor.

Yo estaba agotado y, no obstante, lleno de energía. No paraba de torcer el cuello para asegurarme de que Ken seguía despierto. «¿Lo estás viendo? —le preguntaba—. ¿Te has fijado en eso?». Él se limitaba a asentir con aire sabio, internamente satisfecho de que yo hubiera visto la luz.

Ya estábamos acostumbrados a no ver en las películas personas que se parecieran a nosotros; peor era cuando se incluía un personaje asiático simbólico como algún tipo de maestro de artes marciales. No obstante, cuando Leroy se acerca a la morada del Maestro, unos chinos lo acusan de ser un negrata chino y se burlan de su acento y de su obsesión por el kungfú, con una actitud y una entonación sacadas de una película de *blaxploitation*. Interpretaban estereotipos, solo que los equivocados. Por otra parte, también Leroy lo hacía.

¿Quién copiaba a quién? ¿Importaba? Resultaba que el maestro Sum Dum Goy solo era una máquina que sacaba tiras de falsa sabiduría para galletas de la fortuna. Lo absurdo que era todo resultaba fascinante, al igual que la sensación de que la película reconocía parte de lo que implicaba ser estadounidense de origen asiático, aunque no fuera su principal intención. En los momentos lentos, intentábamos decidir cómo nos posicionábamos nosotros. Por un lado, estábamos de parte de Leroy, el héroe negro obsesionado con la cultura asiática. Nos atraía su convicción y lo fuera de lugar que se sentía. Pero igual de emocionante era ver las interpretaciones sobreactuadas de los extras chinos. Los actores parecían salirse del personaje, eufóricos por no tener que interpretar el consabido papel de médico o guardaespaldas mudo experto en kungfú. Finalmente, llegamos a la parte de Sho'nuff, el «Shogun de Harlem» al que alude el vídeo de Busta Rhymes.

¡*El último dragón* era una reflexión sobre la autenticidad, la porosidad de la identidad, las posibilidades, festivas y posmodernas, de mezclar y combinar las culturas asiática y negra! Quizá no lo fuera, pero nos quedamos despiertos hasta la madrugada analizándola como si tuviera la clave de nuestro mundo. Nos dábamos continuamente las buenas noches, más en broma que otra cosa, y después planteábamos aún otra cuestión. «¿Se burlan del barrio chino o solo subrayan que no tiene nada de auténtico?». Me sentía mareado y agotado mientras intentaba formular una teoría unificada de la identidad estadounidense a partir de la película. Ken no decía nada, parecía haberse dormido, pero solo estaba pensando. Luego me daba su opinión. Se nos ocurrieron teorías brillantes, pero se nos olvidó escribirlas. Recuerdo la luz entre anaranjada y morada que se colaba por sus cortinas, un color de amanecer que pensaba que era normal hasta que me fui a vivir al este de Estados Unidos.

La amistad se sustenta en la presunción de que existe una reciprocidad, de que un amigo puede entrar y salir de la vida del otro, con momentos esporádicos de desbordante intensidad. Cuando se tienen diecinueve o veinte años, la vida se rige por deudas y favores, por promesas de pagar la cuenta o conducir la próxima vez. Nuestra vida se construía a base de pactos mutuos, de regalitos que iban y venían. La vida sucedía en ese lapso de tiempo. Organicé un «amigo invisible navideño», pero yo era antirreligioso y no quería llamarlo así, de manera que pasó a conocerse como «amigo invisible laico por las vacaciones de invierno». «Celebramos el compañerismo y la camaradería entre hombres», escribí, por lo que no invitamos a chicas. Escaneé todas nuestras fotografías y confeccioné un folleto con las normas: nada de cedés ni nada que pudiera sacarse del trabajo, como «un rollo de papel de fax o zapatos de niño de Nordstrom». También debíamos juntar dinero para fines benéficos. Nos imaginaba siguiendo aquella tradición pasados los cuarenta.

Pensaba que la universidad era el lugar donde encontraría a mi gente, lo que suponía que significaba gente que se vistiera como yo, escuchara la misma música que yo y quisiera ver las mismas películas que yo. Distintas versiones de mí. No obstante, me di cuenta, quizá demasiado tarde, de que lo único que quería eran amigos con los que escuchar música. Personas con suficiente curiosidad para preguntarme de quién era una canción y luego corresponder poniéndome un tema de Styx, Christopher Cross o algún otro artista que estaba demasiado lejos de mi genialidad como para conocerlo. Ken devoraba las cintas que le grababa y después, como un padre motivador, me hacía una crítica canción a canción. Yo bromeaba con que debía de ser el único miembro de una fraternidad estadounidense al que le gustaban las canciones más dulces de Belle and Sebastian. Él se dejaba mis cintas por todas partes, en el suelo del coche o en algún rincón polvoriento de su fraternidad, sabiendo que pronto habría una nueva edición, pidiéndome que repitiera sus preferidas: «Esa canción sobre los caballos».

A todo el mundo le gusta algo —una canción, una película, una serie de televisión—, de manera que decidimos que a nosotros no; así es como nos hacemos un hueco propio. Pero la persona adecuada nos convence para que le demos una oportunidad y nos sentimos como si hubiéramos hecho dos descubrimientos. Uno es que la cosa no es tan mala. El otro es un nuevo confidente.

Ken me contó que se había recorrido todo San Diego buscando el *single* de «Jeremy» de Pearl Jam por una canción titulada «Yellow Ledbetter». Puse los ojos en blanco con toda la vehemencia de que fui capaz. Era claramente un plagio de un tema de Jimi Hendrix. Rebusqué entre mis discos intentando encontrar «Little Wing», pero Ken estaba en otra parte, escuchando el vibrante acompañamiento de guitarra de la canción, acordándose de una chica a quien se la había tocado. Al final, llegamos a un arreglo. Antes de los exámenes finales, nos sentaríamos delante de mi equipo de música y escucharíamos «Yellow Ledbetter» con reverencia. No era tan mala. Después, mi elección, «Under Pressure» de David Bowie y Queen, nos pondría en pie y nos sacaría de casa. Vivíamos para los rituales, deseando que llegara el día en el que serían tan instintivos que olvidaríamos cómo habían empezado. Aún había tiempo para devolver aquellos regalos.

Una espora es transportada por el viento y el sistema entero sobrevive. El asesino parpadea y la bala solo roza la cabeza del jefe de Estado. El eje del planeta se desplaza de manera imperceptible y alguna otra especie domina la Tierra. Ni tan siquiera se llama Tierra; el lenguaje no existe. La carta se extravía en el correo, la oportunidad se pierde para siempre.

En esencia, todas mis clases enseñaban la misma lección: el mundo podría haber sido distinto. Darnos cuenta de ello es un baño de humildad. El erudito consulta el pasado, rebusca en un archivo o en las prácticas en peligro de extinción de una tribu remota, todo con la esperanza de añadir una página al libro del conocimiento humano. Esas historias nos inspiran y nos nutren. No obstante, también arrojan una luz fatalista sobre el presente, una sensación de que las cosas podrían haber sido distintas, solo con que hubiéramos conocido los pequeños peligros dispuestos en los caminos que hemos recorrido.

Aunque Marcel Mauss publicó *Ensayo sobre el don*, su obra clásica sobre el «espíritu» que unía al donante con el donatario, en los años veinte, su traducción no se difundió ampliamente entre los estudiosos estadounidenses hasta principios de los cincuenta. Se convirtió en una obra canónica y se reeditó como un librito independiente. Generaciones de pensadores consultarían las ideas de Mauss sobre las prácticas de intercambio que podrían haber evolucionado en un capitalismo, pero que, por algún motivo, no lo hicieron.

Cuando *Ensayo sobre el don* se publicó por primera vez en 1923, formaba parte de un número especial de *L'Année sociologique*, una revista que Émile Durkheim, mentor de Mauss, había fundado en 1896 y supervisado hasta su muerte, en 1917. Debido al fallecimiento de Durkheim y a la Primera Guerra Mundial, la revista había cesado su actividad hasta que Mauss se hizo cargo de ella en 1923. El primer número supervisado por él tiene casi mil páginas y su ensayo es el único trabajo original de investigación. Está rodeado de casi novecientas páginas de otros materiales que no parecen estar relacionados, pero que aluden a los valores que podrían haber inspirado sus ideas.

Aquel número de *L'Année sociologique* rendía homenaje a una generación de estudiosos que se contaron entre los millones de caídos en la década anterior. Empieza con una larga sección «In memoriam». «Jamás perderemos de vista que existió entre nosotros una verdadera colaboración en el trabajo. El ejemplo de nuestros muertos será un modelo».

Entre los fallecidos estaba Robert Hertz, estudioso de la religión, que «murió en el fútil ataque de Marchéville, el 13 de abril de 1915, a los treinta y tres años, cuando salió de la trinchera al frente de su batallón». Maxime David murió en combate, en 1914, dejando tras de sí abundantes notas, sin duda «excelentes», sobre la literatura griega antigua. Jean Reynier «corrió los mismos peligros que sus amigos», pero murió a los treinta y dos años en un accidente con una locomotora militar. Se lo recuerda por sus «excepcionales» ponencias sobre ascetismo. Antoine Bianconi «había bosquejado una gran obra», pero murió en 1915 al frente de su batallón de infantería. Georges Gelly, filósofo y filólogo, desafió a la muerte muchas veces hasta que «un día de 1918 nos lo arrebató».

Mauss se proyecta hacia un futuro que nunca llegó e imagina «cómo habría sido todo si no hubiera estallado la guerra» y sus colegas hubieran seguido viviendo y colaborando. «Imaginemos que Gelly se hubiera convertido en nuestro experto en estética y André Durkheim en nuestro lingüista». Sus nombres son desconocidos para las generaciones de estudiantes posteriores. Mauss nos obliga a conocerlos como pensadores y también como amigos, a aferrarnos a las posibilidades de lo que pudo haber sido.

En este contexto, la idea de don de Mauss adquiere un significado más profundo. No solo está especulando sobre alternativas a los sistemas de intercambio basados en la economía de mercado, sino que sueña con un estilo de vida totalmente distinto. Intenta recuperar un mundo perdido, hacer realidad un anhelo imposible. Cuando Mauss deja de hablar sobre dones para hacerlo sobre gestos de «generosidad» o sobre sentarse juntos «alrededor de la riqueza común», trata de recordarnos que hay otras maneras de ser que la del «hombre económico». Que sobreviven vestigios «de otra ley, otra economía y otra mentalidad» junto a las que percibimos como inevitables y definitivas.

Resulta sorprendente pensar que es ahí donde lo han llevado sus fantasmas personales, a ese momento de esperanza. Completar el trabajo, propone Mauss, es la deuda que tenemos con los colegas caídos. Su ensayo sigue una cadena de regalos por todo el mundo y a lo largo de siglos de historia para recordarnos las posibilidades del lugar donde nos posicionamos. «Es inútil ir a averiguar muy lejos cuál es el bien y la felicidad», concluye. Están más cerca de lo que creemos.

Mauss y los otros supervivientes de aquel convulso periodo de la historia humana son como la parte «devastada» del bosque donde, durante unos años, algunos árboles viejos «intentan reverdecer». Un proceso más imprevisible que un regalo que cambia de manos. Más misterioso que un collar o una talla ornamental. Más parecido a semillas transportadas por el viento que caen y germinan.

Pase lo que pase: «trabajemos unos cuantos años más».

Una noche, Ken cogió una libreta y fuimos a un café en su coche. Ver *El último dragón* nos había inspirado para intentar realizar nuestra propia película. Su título provisional era *El gatuperio de Barry Gordy*. «Barry Gordy» era un homenaje a *El último dragón*. «Gatuperio» solo era una palabra graciosa. Yo sabía quién era Berry Gordy y cómo escribir su nombre correctamente, pero decidí no hacerme el sabihondo con Ken.

Él escribió los personajes principales e hizo una lista de *sitcoms* de nuestra infancia, algunos temas y tópicos televisivos que nos resultaban familiares; teníamos que dar nuestro propio enfoque a aquellas convenciones narrativas. La historia giraba en torno a un grupo de amigos, un rosario de arquetipos acomplejados: el protagonista majo pero incomprendido; su mano derecha, apasionado y profundo; el amigo vanidoso y arrogante; el sensato y sofisticado con novia formal y sabios consejos; el cínico chistoso, que pensaba que todos sus amigos eran unos ignorantes.

Repartimos los papeles entre nuestros amigos: Anthony, Paraag y Dave. Sammi, Alec y Gwen. Ken escribió un papel para James, uno de mis amigos del instituto, que estudiaba Bellas Artes en San Diego. Nos habíamos visto durante mi visita a El Cajón. Inventamos papeles para las chicas que nos gustaban —solo un modo pasivo-agresivo de satisfacer nuestro deseo, quizá cogiéndolas de la mano—. Ken anotó algunas escenas y escenarios extraídos de nuestras vivencias: la vez que le di una calada a un cigarrillo por el extremo encendido y después dije que lo había hecho a posta; el local de sándwiches con las incomodísimas mesas triangulares. Rodaríamos *El gatuperio de Barry Gordy* y encontraríamos un aula vacía para proyectársela a nuestros amigos. No queríamos ser cineastas; solo queríamos crear algo, descubrir si éramos capaces. Lo único que necesitábamos era encontrar a alguien con una videocámara.

Mis padres pasaban cada vez más tiempo en Taiwán. Tenía números de tarjetas de prepago escritos por todas partes, pero nunca recordaba cuáles funcionaban, ni qué prefijos de país y ciudad tenía que marcar. Sean, como yo, era hijo único y hablaba con sus padres todos los días. Los míos me informaban de sus horarios, pero yo nunca seguía sus movimientos con la debida atención. Pasaba semanas sin saber si estaban en Hsinchu o de fin de semana en Taipéi.

Mi padre a menudo se describía como «oriental». No entendía por qué era tan importante llamarnos «estadounidenses de origen asiático», un término que apenas existía a su llegada a Estados Unidos. Mis padres reconocían los apellidos de algunos de los profesores chino-estadounidenses más veteranos del Departamento de Estudios Étnicos. Les pregunté si tenían algún recuerdo de los Panteras Negras o si habían estado al tanto del movimiento activista asiático de finales de los sesenta. Sus respuestas siempre eran vagas. Eso fue hace mucho tiempo, decían, y trabajábamos mucho.

Les hablaba de todas las protestas y concentraciones de Berkeley, de las horas que dedicaba por las noches al periódico asiático-estadounidense universitario. Pensaba que estarían orgullosos. Pero ellos no entendían por qué eran causas por las que merecía la pena luchar. Podía ponerme en su piel si reflexionaba sobre las dificultades con las que se habían topado a su llegada: el aislamiento de mi madre, el asalto de que fue objeto mi padre durante su primer día en Nueva York. Les agradecía que hubieran hecho aquellos sacrificios por mí. «¿Por ti? —dijo mi padre riéndose—. Vinimos por nosotros. En Taiwán no había nada cuando nos fuimos».

Mis padres recorrían grandes distancias en coche para comer con sus amigos, a los que siempre se referían como parte de «el movimiento». Siempre que les preguntaba qué significaba, se reían entre dientes y utilizaban una frase china que podría traducirse como «el lado izquierdo». Lo que más destacaban era cómo el movimiento los había desviado de su meta; había sido la razón de que mi padre tardara más de lo debido en doctorarse, para disgusto de sus pacientes tutores. Temían que aquellas actividades extraacadémicas también me distrajeran a mí de los estudios.

Cuando mis padres se marcharon de Taiwán con poco más de veinte años, el país aún estaba bajo la ley marcial —impuesta tras los disturbios acaecidos a finales de los años cuarenta, cuando los nacionalistas chinos asumieron el control de la isla y acallaron la disidencia entre los taiwaneses autóctonos—. Mis padres no habían tenido inquietudes políticas en su juventud. No obstante, observar la guerra fría desde la distancia los envalentonó para pensar y decir cosas que podrían haberles traído problemas si se hubieran quedado en Taiwán. Se sumaron a la lucha activista, centrada sobre todo en un pequeño rosario de islas deshabitadas, posiblemente ricas en recursos, reclamadas tanto por Taiwán como por Japón. A principios de los años setenta, mis padres viajaron a universidades de todo el Medio Oeste y la Costa Este, y mi padre fumaba y discutía acaloradamente con otros estudiantes sobre las islas Tiao Yu Tai. Criticaba la postura oficial de Taiwán, que cedía demasiado ante Japón. La noticia llegó a Taiwán y el caso fue que no le permitieron regresar en unos veinte años.

La era de la ley marcial, conocida como el Terror Blanco, duró hasta finales de los años ochenta, década en la que Taiwán empezó a revisar su historia. Mi padre por fin pudo regresar a su patria como parte de la oleada de taiwaneses que volvieron para aplicar sus conocimientos empresariales y técnicos a la incipiente industria de semiconductores de la isla. Lo aclamaron como una especie de héroe. Cuando mis padres me dijeron que habían sido como yo, que habían participado en protestas, reuniones de estrategia, debates y mítines, me negué a creerlos. Ni siquiera me imaginaba a mi padre fumando. Intentaban protegerme de algo. Quizá, de la posibilidad de desilusionarse que acompaña al idealismo. A nadie le importaban ya las islas Tiao Yu Tai, y tanto esfuerzo les había robado mucho tiempo y energía. Lo que les quedaba de aquel esfuerzo, pensé, eran sus amigos.

No era un mentor especialmente bueno para los chicos de Richmond. Tenía muy poco que ofrecerles; solo quería caerles bien. No obstante, cuando el centro anunció que tenía intención de contratar un profesor para la escuela de verano, aproveché la oportunidad. Aún creía que la enseñanza sería un buen plan B si terminaba los estudios sin una salida profesional clara. Dar clases requería una seriedad que todavía no me sentía cómodo proyectando y quería mejorar en ese terreno.

Me sentía más cómodo organizando mis ideas en la intimidad, arrastrando un cursor parpadeante por una pantalla. Aún escribía cartitas para mi fanzine y puse en marcha otro que trataba de enamoramientos y obsesiones no correspondidas. Había encontrado una comunidad. Pasaba las noches revisando el periódico universitario o acudiendo a sesiones de estrategia, donde pintábamos carteles de protesta, debatíamos sobre el futuro de California y aprendíamos que a la policía siempre le costaba más arrastrar a un cuerpo inerte. Componer mi fanzine me había proporcionado algunos conocimientos básicos de diseño gráfico, por lo que siempre me ofrecía para confeccionar panfletos o diseñar manifiestos. Era una manera de posponer las preguntas sobre un futuro práctico y aburrido. Quizá mi fanzine y aquellos trabajos de diseño variados atestiguarían mi espíritu emprendedor, si alguna vez necesitaba demostrar ese atributo.

Poco antes de terminar tercero, Ken y yo estábamos fumando un día en su balcón cuando le hablé por primera vez de Mira, una estadounidense de origen taiwanés oriunda del sur de California que trabajaba conmigo en el periódico universitario. Unas semanas antes, me había pedido que la llevara a Davis, donde yo participaba en una mesa redonda sobre la cultura del «hazlo tú mismo» en la comunidad asiático-estadounidense. Mira me ponía tanto que me sentía intimidado. Me pasé días grabando una cinta de mezclas lo suficientemente versátil para transmitir mi sentido del humor, mi profundidad y mi compasión. Después de aquel fin de semana, Mira y yo seguimos quedando, sobre todo para escuchar música y ver películas. Estaba obsesionado con el tono rojizo de su pelo castaño, la abundancia de lazos cuando utilizaba la letra ligada, su manera de escribir «rilly» en vez de «really». A veces íbamos a una cafetería de San Francisco y, como ella era vegetariana, cenábamos patatas fritas y helado. Nos tumbábamos en el suelo debajo de la Torre Coit y mirábamos las estrellas, sin llegar nunca a tocarnos. Hacia el final del semestre, falté a clase y conduje hasta Los Ángeles para asistir a un congreso en el que las activistas Yuri Kochiyama y Grace Lee Boggs daban una charla juntas. Mira iba en avión y me ofrecí a recogerla. Pero no logramos encontrarnos en el aeropuerto, pese a llevar busca los dos. Me preocupó que nuestro desencuentro tuviera algún significado simbólico.

Cuando por fin nos vimos esa noche en el congreso, le dije que me importaba. Estábamos sentados en un aula, inspirados por los pensadores y líderes políticos que nos rodeaban, maravillados de que Grace y Yuri estuvieran a tan solo unos metros de nosotros. La miré y sentí que formábamos parte de algo más grande. Podíamos construir un mundo nuevo juntos.

Mira interpretó erróneamente mi timidez y despiste general como pasotismo guay. Cuando regresamos a Berkeley, por fin nos confesamos que nos gustábamos. Pasó otra noche entera antes de que yo me desinhibiera lo suficiente para intentar besarla. Fuimos delicados y pausados el uno con el otro y, cuando salió el sol, nos quedamos dormidos de agotamiento. Estábamos juntos, fuera lo que fuese eso.

Estaba un poco preocupado cuando se lo conté a Ken, pues yo tendía a desaparecer cuando me encaprichaba de una chica. Lo había evitado durante todo mi cortejo a cámara lenta de Mira. Él siempre parecía entenderlo cuando ocurría algo así. En cuanto tenía novia, me volvía incluso más inaccesible. Pero esa vez era distinto. En nuestra primera cita, había llevado a Mira a ver una película independiente en la que un grupo de jóvenes rebeldes tenían rollos de una noche desastrosos. Unos días después, vimos *Kids*. Todo eso me dio una imagen lúgubre y aterradora del sexo y, como aún era virgen, no tenía ninguna prisa por descubrir lo contrario. Disponíamos de mucho tiempo y me encantaba cada segundo que pasaba conociéndola, explorando su colección de cintas, hablando de lo que recordábamos de nuestras visitas a Taiwán, rememorando la cantidad de veces que nuestros caminos debieron de cruzarse cuando ella trabajaba en Rasputin Music de Telegraph. De repente, todos los días me parecían novedosos y emocionantes.

Ken se alegró de que Mira y yo saliéramos. De hecho, la conocía y tenía pensado presentarnos; Mira compartía piso con Charles, que pertenecía a su fraternidad. Estaba radiante de orgullo, como un padre complacido de que me hubiera atrevido a dar el paso.

Nunca me había sentido tan joven y Ken nunca me había parecido tan viejo. La Alianza Multicultural de Estudiantes había llegado a su fin y él se había dado por vencido con la teoría abstrusa. Se le había ocurrido algo a lo que había llamado Comisión Internacional de Regulación del Comercio para un trabajo de clase y le parecía bastante buena idea. Se imaginaba estudiando derecho en Boston, vendiendo aperitivos y refrescos en Fenway Park por las noches. Parecía un poco preocupado por el futuro, o puede que solo estuviera listo para él, lo que exigía un necesario grado de seriedad. Salía con una chica de una sororidad chino-estadounidense que proyectaba la misma imagen pragmática que él. Le preparaba tentempiés para nuestras sesiones de estudio en la biblioteca. Seguíamos saludándonos con el tonto apretón de manos que nos habíamos inventado en el balcón de la Unidad 3 cuando éramos novatos. Pero, de repente, era como un adulto responsable, más interesado en ser sofisticado que guay, imaginado un futuro productivo después de la universidad.

La mayoría nos quedamos en Berkeley ese verano. Ken aún vendía zapatos de niño en Nordstrom. Consiguió que su jefe contratara también a Sammi y cogían juntos el tren BART a San Francisco. Anthony trabajaba a jornada parcial para la universidad y para una organización sin ánimo de lucro. Paraag había conseguido convencer a una agencia deportiva de San Francisco para que lo contrataran en prácticas, aunque no las ofrecían. Mira asistía a cursos de verano.

Yo iba a Richmond todas las mañanas para enseñar expresión escrita, matemáticas e historia a los alumnos de quinto y sexto del centro juvenil. Eran los hermanos pequeños de los chicos que ya conocía, aunque la diferencia de uno o dos años significaba que aún eran tiernos e inocentes. Sus hermanos mayores habían acabado tomándome afecto, pero quizá aquellos niños me prestarían verdadera atención. Copiaba diligentemente hojas de ejercicios y actividades y planificaba al milímetro cada bloque de las mañanas que pasábamos juntos. Pero jamás tuve la presencia necesaria para imprimir estructura o ritmo a nuestras jornadas. Pensaba preguntas que daban pie a más preguntas, pero perdía la confianza en cuanto algún alumno miraba por la ventana. Pronto se dieron cuenta de que no solo era mal profesor, sino también un blandengue —un crudo despertar a la realidad de que, a veces, los adultos tampoco se enteraban de nada—. Mi fachada de pretendida autoridad no duró mucho. Bailaban y escuchaban música. Las fronteras entre los niños y las niñas empezaban a desdibujarse mientras se hacían disimuladamente cosquillas o jugaban a pelearse a escondidas.

A finales de junio cumplí veintiún años. Mira vino a Richmond; su presencia me hizo parecer más respetable a los ojos de mis alumnos y uno la dibujó rodeada de corazones. Mira me invitó a comer en una cafetería cercana y me regaló un fanzine sobre nuestra relación. Había resguardos de entradas de cine y conciertos, tarjetas de restaurantes a los que habíamos ido, anotaciones de su diario de nuestros primeros tiempos, poemas sobre nuestro futuro, recuerdos de cómo había captado todos mis sutiles intentos de coquetear con ella.

Esa noche, mis amigos se reunieron con nosotros en San Francisco para celebrar mi cumpleaños con una cena. Anthony, Alec y Gwen vinieron desde Berkeley. Paraag ya estaba en la ciudad. Me senté a la cabecera de la mesa y me puse un poco sentimental por el tiempo que hacía que no nos veíamos. Quizá estuviéramos distanciándonos, tomando cada uno el camino que poco a poco iba perfilándose. O puede que solo fuera una pausa en el ritmo natural de la amistad.

En ambos casos, ya teníamos edad suficiente para pedir aperitivos. Ken y Sammi llegaron tarde. Venían directamente de los grandes almacenes. La americana de Ken y su manera de desenvolverse, riéndose y estrechando manos, lo hicieron parecer un afable presentador de concursos de televisión. Le dio a Mira un caballeroso abrazo y terminó conmigo, sonriendo antes de propinarme una fuerte palmada en la espalda. Tomó asiento, echó un vistazo a la carta y se decidió rápidamente por el plato más raro: conejo asado.

Ken intentó llevarnos a bailar *swing* después de cenar, pero yo le dije que jamás haría nada semejante, menos aún en mi cumpleaños. Él siempre me lo pedía y yo siempre le daba largas. «En otra ocasión..., quizá». Entró en el bar y me pregunté si mi actitud impertinente hacia su nueva afición por fin lo había cabreado. Pero regresó con una sonrisa y un chupito para mí. Se rio entre dientes cuando empecé a bebérmelo a sorbitos; era el primero que me tomaba y hacía muy poco que había empezado a parecerme bien beber. «Se llama los "Tres Reyes Magos" —me explicó, dándome otra palmada en la espalda—. Lleva Jack Daniels, Johnnie Walker y Jim Beam. ¡Bébetelo de un trago!».

La etapa de los botellones y los desmadres había pasado. Tres semanas después, Ken organizó una fiesta de inauguración de su piso. Llamarla así, en vez de solo fiesta, señalaba nuestra entrada en la edad adulta. Se mudaba al Rapa-Nui, un bloque de pisos situado calle arriba donde ya vivía Gwen. En un mes, empezaríamos cuarto.

Anthony, Mira y yo íbamos a una *rave* en Oakland esa misma noche. Llegamos temprano a la fiesta de Ken, lo que parecía razonable, dado el carácter civilizado de la celebración, pero es posible que aún fuera demasiado temprano; uno de sus nuevos compañeros de piso tenía los deberes abiertos en el regazo. Me alegraba poder pasar un rato con Ken antes de que la fiesta se animara, pero me sentía culpable sabiendo que nos largaríamos pronto. Nos saludó con afecto. «Necesito un cigarro», le susurré. Desaparecimos para bautizar su nuevo balcón, que daba al aparcamiento del edificio.

Necesitaba su consejo. Tras un torpe y fallido intento de tener relaciones sexuales, por fin estaba listo para perder la virginidad y le saqué el tema, casi esperando que hiciera una broma sobre la risible cantidad de tiempo que había tardado en decidirme. Era, sin duda, alternativo hasta la médula. Sonrió y me dio un suave puñetazo en el hombro. Me reí, pensando en todas las veces que yo había asentido mientras escuchaba sus historias de novias o ligues, como si tuviera la menor idea de lo que hablaba.

Fumamos igual que siempre, como si se tratara de un solemne ritual. Nos tomábamos en serio el hecho de ser serios. Nos imaginé fumando muchos cigarrillos en aquel balcón en el año entrante. Ken iba a decirme algo cuando las puertas correderas se abrieron y Daniel, un larguirucho estudiante de Ciencias con el que Sammi se veía desde hacía poco, salió al balcón. Hablamos de su trabajo de verano en un laboratorio de la universidad. Ken lo rodeó con el brazo y lo arrimó a él. Sammi es la mejor, dijo, y se merece que la traten como tal. Daniel lo miró, asintió y volvió a entrar. Después salió alguien más y nos habló de un aparato que grabba cedés. A Ken le llamó la atención, pero yo puse los ojos en blanco. ¿A quién le importaban los cedés cuando era más fácil grabar casetes?

Nuestra conversación se había quedado a medias. Estaba contrariado, pero, de todos modos, tenía otros planes. Dejé que mi cigarrillo muriera de causas naturales sobre el pasamanos, preguntándome si se consumiría y rociaría de ceniza los coches de debajo. Seguía necesitando consejo, pero le dije a Ken que nos fumaríamos otro cigarrillo más tarde.

«Te llamo el domingo —dijo—. Es el cumpleaños de un compañero de trabajo. No tiene muchos amigos y he pensado que estaría guay que lo lleváramos a bailar». Se refería a bailar *swing*, por lo que perdí el interés de inmediato. «Ni siquiera lo conozco —dije—. ¿A quién te refieres cuando hablas en plural?». Hizo una mueca. «Sería todo un detalle, tío». «Sí, vale..., llámame mañana», dije, esperando que se olvidara.

Tenía que irme, pero quizá me pasara más tarde para ver si la fiesta aún seguía.

Al principio, las *raves* me atrajeron más por la idea de comunidad que por la música en sí. Encontraba un folleto, llamaba a un número de teléfono, anotaba las indicaciones. Significaba abandonarme a un vacío, unos cuantos faros de coche apiñados como señal de que estaba en el lugar correcto. Nunca consumía drogas, pero aun así me parecía mágico encontrarme en una sala sin un centro, donde la única manera de orientarse era siguiendo una línea de graves o de sintetizador. Había una variedad de rostros que no se veían durante el día: ausentes y sombríos, entregados al ritmo; sonrientes y platónicos, deseosos de compartir; gozosamente libres. Todo siempre había sucedido ya. La gente entraba sin prisas y su paso se adaptaba poco a poco a los sonidos que la rodeaban; en cuestión de minutos, parecía que estuvieran intentando salir a patadas y puñetazos de un saco imaginario. Daba igual cómo se bailara.

Esa noche, Anthony, Mira y yo fuimos a Planet Rock, una fiesta organizada en el Centro de Comercio Internacional, un almacén enorme junto al estadio Oakland Coliseum. Acordamos un punto de encuentro para juntarnos alrededor de las tres, aunque no creo que llegáramos a separarnos más que unos pocos pasos. Nada sonaba bien esa noche. El espacio era a la vez amplio y sofocante. Cuando la noche dio paso a la madrugada, recuerdo una humedad implacable, de pie en una nave donde se oían demasiados equipos de sonido a la vez, el ambiente psicodélico ahogado por nubes grises, un cansancio que iba y venía. Por un instante, dejé de sentirme joven.

Nos quedamos hasta las tres o las cuatro. Después de dejar a Anthony, Mira y yo nos dirigimos a su casa y pasamos por debajo del balcón de Ken. Las luces seguían encendidas. Recordé la conversación que habíamos dejado a medias y acaricié la idea de subir. Pero pensé que notaría mis prisas por llegar a casa de Mira. Le contaría aquel hito más adelante.

El lunes por la tarde, Sammi me preguntó si había hablado con Ken. «Sí». «¿Has hablado con él después de la fiesta?». «No». El domingo no me había llamado para ir a bailar con su colega. Sammi me dijo que ese día tampoco había aparecido en el trabajo. ¿Quizá se había peleado con su novia? No, continuó Sammi, ella tampoco sabía nada de él. Nadie sabía dónde estaba. Fui andando al piso que Sammi compartía con Alec y, de camino, pasé por el edificio Rapa-Nui. Derrick, uno de los compañeros de fraternidad de Ken, ya estaba en su piso. Habían llamado a la policía para denunciar su desaparición. Alec acababa de servirse un tazón de cereales cuando llegué. Acudió un agente del Departamento de Policía de Berkeley. Miré su placa y memoricé su nombre. Se mostró calmado y prudente mientras nos hacía preguntas. Era como si estuviera haciéndonos un horrible truco de magia, sacándose de la chistera detalles relacionados con Ken, pero sin mencionar su nombre. ¿Conocíamos a alguien que pudiera haber llevado una camiseta desteñida de Ned's Used Books y unas botas marrones ese fin de semana? ¿Algún amigo nuestro tenía un collar de conchas blancas? ¿Alguien que conociéramos tenía un Honda Civic de 1991? Las preguntas se volvieron exasperantemente íntimas y entonces se interrumpió. «¿Podéis venir un par de vosotros a la comisaría conmigo?», preguntó.

Sammi y Derrick se marcharon con el policía mientras Alec y yo nos quedábamos fumando en los escalones. Aún no sabíamos cómo sentirnos. Los cereales de Alec ya estaban reblandecidos, nuestra única señal del paso del tiempo. Era demasiado duro pensar lo peor; estábamos al filo de un número indeterminado de posibles futuros. Un alegre samoano de mi clase de Estudios Étnicos pasó por delante y me pregunté dónde iba, cómo alguien podía ir a alguna parte en ese momento.

Un par de horas después, seguíamos sentados en los escalones cuando un coche patrulla trajo a Sammi y a Derrick. Ella estaba pálida. Derrick la seguía con paso cansino, sin despegar los ojos del suelo. Sammi nos dijo que Ken estaba muerto. Derrick me rodeó con el brazo. Lo sentí a mi lado, tieso y erguido, intentando no derrumbarse, y enterré la cara en su hombro, sollozando. «Se ha ido, Hua», susurró.

Habían encontrado el cadáver de Ken en un callejón de Vallejo, a unos treinta minutos al norte. Entre ambos puntos, un zigzag de retiradas de dinero en cajeros automáticos. Un pescador se había tropezado con su cadáver el domingo de madrugada. Como Ken no llevaba ningún documento de identidad y aún no habían encontrado su coche, no habían podido identificarlo. El día anterior habían colgado su retrato robot por todo el campus.

Pensé en lo temprano que me había ido de su fiesta, en cómo había pasado por debajo de su balcón, en lo aliviado que me había sentido el domingo por la noche porque no me hubiera llamado para ir a bailar.

Todavía hacía sol. Me despedí y fui a casa de Mira, a la que hice un brevísimo resumen de lo ocurrido. Corrí las cortinas; hicimos el amor en un silencio casi absoluto. Después, salí al descansillo y empecé a llamar a mis amigos. Me sentía extrañamente útil siendo el portador de la noticia y después el receptáculo del dolor ajeno. Era un narrador con un giro argumental sorprendente y demoledor.

Al final, regresé a mi piso y llamé a su madre. Respondió con voz ronca y temblorosa. El funeral sería ese sábado en El Cajón. Deberíamos ir todos. «Kenny te quería», dijo, y yo me desplomé en el suelo, llorando y golpeando la alfombra con los puños. «Te admiraba muchísimo». Esa noche vinieron todos a casa. Temblábamos de agotamiento y nos atiborramos de pizza y cerveza. Anthony se quedaba continuamente ausente, con la mirada perdida y la boca abierta. Alec aún no se lo podía creer. A Gwen siempre le había parecido que nuestras vidas eran como una película independiente peculiar pero sin sobresaltos, y ahora, dijo, eso se había acabado.

Durante los dos días siguientes, buscamos viejos negativos de fotos para hacer un *collage*, escribimos todos los recuerdos apropiados para compartirlos con su familia. Salí a dar un paseo y me apené cada vez que veía sonreír o reír a alguien. Acabé en una tienda de ropa, donde me compré unos pantalones de rayas finas —de la clase que suponía que llevaba la gente cuando iba a bailar *swing*— y una camisa retro negra por la misma razón. No era el atuendo convencional para un entierro, pero me pareció apropiado. También me compré un diario. La tapa era de tela azul oscuro, con un dragón bordado en hilo dorado. Empecé a anotar todo lo que recordaba. «Todo está mal», escribí en rotulador permanente en la primera página.

Henry, uno de nuestros amigos de la residencia, grabó la noticia de la muerte de Ken en el informativo de la noche y nos hizo copias a todos. Yo les hice a sus padres una cinta con las canciones que me recordaban a su hijo acompañadas de notas y comentarios. Anthony se ocupó de reservar los billetes de avión a San Diego para el funeral y se distrajo con la logística de asegurar que todos nuestros amigos, que en su mayoría estaban pasando el verano en Berkeley y Los Ángeles, acabaran en el mismo lugar. Imprimió y repartió un itinerario con el programa del fin de semana, direcciones, cuántas plazas había en cada coche, teléfonos de urgencias.

La policía mencionó un cargo con tarjeta de crédito en un centro comercial cercano. Henry corrió a su coche y fue a comprobar si había grabaciones de vigilancia. Nos parecía que las autoridades no estaban actuando con la suficiente celeridad. Quizá Henry resolviera antes el caso. Pero los asesinos no eran ningunos genios y no parecían tener ningún plan de huida. Habían montado un número al salir del centro comercial y a la policía no le costó atar cabos. Cuando se presentaron para detenerlos, el coche de Ken estaba aparcado en su jardín, aún con los faros encendidos.

Habían sido tres. Una pareja joven y un hombre que habían conocido en la parada del tren BART en Berkeley. Habían esperado al otro lado de la calle, viendo cómo entraba y salía gente, aguardando su momento, vigilando el balcón iluminado, esperando a un rezagado que fuera solo. Ken bajaba al aparcamiento por la escalera trasera la madrugada del domingo cuando lo abordaron. Hizo lo que le pidieron. Se metió en el maletero. Les dio sus tarjetas bancarias. Pese a ello, lo llevaron a Vallejo y le dispararon en la nuca.

El día después de que Ken muriera dejé de escuchar canciones de una determinada región de mi memoria, evité vibraciones que me recordaran un cierto registro de emoción. La armonía estaba prohibida; ya no tenía sentido para mí. Empecé a pasar menos tiempo con cualquiera que pudiera recordarme el pasado. Volví a llevar Nike, y polos, y gorras de béisbol hacia atrás. Sobre todo, me obsesioné con la posibilidad de una frase capaz de desandar lo andado.

Cogí un bolígrafo e intenté regresar al pasado a través de la palabra escrita.

a call for submissions

Slant

An Asian Pacific American magazine invite all interested undergraduates/graduate students to submit any original pieces on:

politics	society and culture
film	music
opinion	arts and theater
fiction/poetry	news
artwork	photography

Works must be on issues and events related to the Asian Pacific American community. Please feel free to contact us and pitch story ideas, find story assignments, or get information on how to work with the *Slant* staff.

Submissions should include a cover page with your name, year in school, major title of work, telephone number, address, and three copies of your work. Please drop off submissions to the **Slant box** at Heller Lounge on the 2d floor of the ASUC.

For more information or to contact a human, e-mail jojoba@uclink2 or huascene@aol.com; or drop a note in our box in Heller at the ASUC.

deadline:
nov. 5 1997

hardboiled

berkeley's.asian.pacific.american.newsmagazina

issue 2.1   october 1998

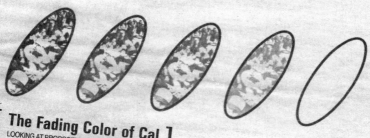

[**The Fading Color of Cal**]
LOOKING AT PROPOSITION 209 TWO YEARS LATER

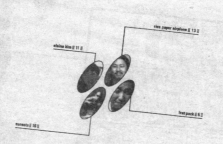

Hubo un tiempo en el que mis recuerdos se desataban con solo dar unos sorbos a mi primera cerveza. El hecho de que la botella que había elegido —Newcastle Brown Ale— me recordara a él. El mero hecho de estar bebiendo alcohol. De que yo tendiera a desaparecer, a tomarme la amistad demasiado en serio en ocasiones o nada en serio la mayor parte del tiempo. De que mi estado de ánimo dependiera de la proximidad del verano, de sentir el sol de tarde en la piel, de oír una melodía lejana saliendo por la ventana de un desconocido. De que fuera por eso por lo que aún fumaba, porque admiraba la manera en la que el humo se desvanecía en el aire, errabundo y efímero.

El hecho de que, en aquellos primeros años en los que la cara no nos había cambiado aún, pudiera imaginarme a Ken cumpliendo veintiún años, sentado en un aula, graduándose con un corte de pelo discreto. Viviendo en Boston, matriculado en la Facultad de Derecho, vendiendo aperitivos y refrescos en Fenway Park, como en uno de sus muchos sueños. El hecho de que, contra todo pronóstico, yo fuera escritor. Un modo de atesorar un botín en una ciudad en llamas, de imponer estructura al caos, de descargar el contenido de una unidad de almacenamiento antes de que sufriera daños irreparables. Canciones, camisetas memorables y frases de amigos anotadas en los márgenes de mis libros. Coger una servilleta en un bar para anotar unas palabras, la fiel mitad superviviente de una broma particular. Contaba todo aquello porque era mi manera de sobrellevarlo, de narrar historias, de creer que las historias podían tender un puente sobre un abismo.

Quizá fuera un legado, un modo de traer a Ken al presente, un espíritu hecho carne en el tintineo de dos botellas al chocar, la mágica aparición de una canción triste en la radio.

La universidad está repleta de idas y venidas, de pisos nuevos, todos ellos una oportunidad para redefinir nuestra personalidad y entorno. La vida va demasiado rápido para apegarse a lo material y, poco después de los exámenes finales, metes unas cuantas cosas en la maleta para mandarlas a casa o simplemente las tiras. Ken me contó que una vez había arrojado su gorra de los Texas Longhorns por el techo corredizo de una limusina que pasaba. Era el año en el que sus queridos San Diego Chargers habían logrado llegar a la Super Bowl, razón suficiente para un desfile. A mí me parecía patético, ya que mis San Francisco 49ers los habían machacado en la final. Ni siquiera había sido reñida. Pero Ken estaba allí de todos modos, animando a sus héroes, y de algún modo volvieron a lanzarle la gorra con una especie de ele con el rabito muy largo y un puntito encima garabateada en la visera. Me aseguró que era el autógrafo de Stan Humphries. Cuando la encontré en mi piso unos días después, me pareció inquietante que se pudiera pasar tanto tiempo con alguien sin darse cuenta de lo pequeña que tenía la cabeza.

Aquella primera noche, cuando todos se hubieron ido a casa, le escribí una carta detallando todo lo que iba a echar de menos: su «piel suave y sus gases», nuestras rutinas y bromas particulares. Enumeré cosas que se había dejado, porque siempre se dejaba cosas: el apósito pegado al ambientador de mi coche, la camiseta que le daba suerte en los partidos de voleibol aún en mi cesta de la ropa sucia de Cupertino. Todo lo que yo había aprendido sobre lealtad, viajes en el tiempo, tratar la resaca con un filete, huevos y tortitas. Los nombres de usuario de los fachas a los que solíamos tomar el pelo en AOL («TruthGator»). Le hablé de esa noche con Mira, de cómo lo llevaban Gwen y Alec, de lo mucho que necesitábamos que regresara. «Así que quédate conmigo, ¿vale, Ken? ¿Puedes quedarte un poco más?».

No me ofrecí para pronunciar el elogio fúnebre, pero el hecho de que me pasara toda aquella semana escribiendo, inmerso en una especie de ostentoso documentalismo, me hizo parecer la opción natural. El estrés de tener una fecha límite inminente desplazó parte de mi dolor.

En aquellos primeros días, todo adquiría la importancia de un talismán. Era reconfortante estar cerca de sus cosas: camisetas y gorras, casetes, algunas páginas de *El gatuperio de Barry Gordy*. Los chicos con los que vivía nos invitaron a su piso y yo salí al balcón y saqué el último paquete de cigarrillos que habíamos estado fumándonos.

Qué agradable era despertarme por las mañanas. Abría los ojos, me destapaba e iba al salón. Por un momento fugaz, se me olvidaba. Me preguntaba por qué había cajas de pizza y pañuelos de papel por toda mi mesa, por qué no habíamos recogido las botellas de cerveza. Me encantaba esa sensación de no estar despierto del todo, de no saber ni recordar, solo por un instante.

Esa semana comimos mucho fuera. Nadie estaba nunca solo; todas las cenas eran una fiesta. Compartíamos recuerdos, cada vez más tristes, y entonces alguien relataba una anécdota graciosa que nos apartaba del precipicio. Paraag, Jen, Rosa y yo fuimos a comer fideos al King Dong, un restaurante chino. Recuerdo que me eché hacia atrás en la silla y me reí tan fuerte como pude. Éramos ruidosos y escandalosos porque lo necesitábamos. Revelé los secretos de Ken y les conté a nuestros amigos las cosas que adoraba de ellos. Les dije a las chicas que amaba en secreto que las había amado. Me sentía como el albacea de su patrimonio espiritual, repartiendo sabiduría o placer. Y quería que me contaran la misma clase de historias.

No paraba de pensar en lo impaciente que había estado por marcharme esa noche. Aún recordaba su balcón iluminado cuando pasamos por debajo de camino a casa de Mira. Creía que, de algún modo, había permitido que sucediera.

Le escribí cosas que eran groseras e irreverentes, absurdas y acusatorias, desgarradas y atormentadas, solo para ver si él podía leerlas desde tan lejos. Le hablé de sexo y de confusión, y de cómo su madre me había roto el corazón al intentar consolarme. Al final de cada noche, lo ponía todo por escrito porque no quería olvidarme nunca de nada —el dolor, el alivio, los destellos de euforia cuando nos reíamos todos juntos—. En algunas páginas, variaba la letra para ver si mis garabatos me llevaban a otra esfera donde nada se hubiera truncado. Mi letra cambió esa semana, se tornó más sinuosa y recargada, como la ira furibunda de las firmas grafiteras. Me perdía mientras buscaba las palabras justas. ¿Qué era lo que habíamos aprendido en clase de Retórica sobre el «diferimiento del significado» de Derrida y sobre cómo las palabras son meros signos incapaces de comunicar plenamente lo que significan? No obstante, las palabras son lo único que tenemos, nos acercan y alejan al mismo tiempo.

Decidimos que el elogio fúnebre sería un trabajo de equipo. Todos los que quisieran podían compartir un recuerdo o sentimiento y yo lo juntaría todo. «Ken acababa de conocer a algunos de nuestros amigos del instituto —escribieron Rosa y Jen en una servilleta—, pero eso no le impidió defenderlos cuando unos tíos se metieron con ellos. Ken peleó más duro que nadie». Había un trozo de papel de carta sobre lo «niño grande» que era; un poema inconsciente sobre cedés regrabables que ya no se usarían jamás escrito en el reverso de un tique.

Reservamos dos vuelos de Oakland a San Diego y yo viajé en el segundo, que llegó sobre las 20.30 del día anterior al funeral. Movernos en manada nos resultaba fundamental. Todo parecía una película esa semana, un grupo de amigos recortados contra las luminosas tonalidades púrpuras y anaranjadas del atardecer. Nos apretujamos en una furgoneta que nos esperaba para llevarnos a un motel.

Me senté delante y empecé a charlar con el conductor; me reconfortó de una manera extraña hablar con alguien nuevo después de unos días en los que ver la infelicidad de otra persona podía desatar una vorágine de emociones. Era un hombre corpulento y curioso; se notaba que disfrutaba de la parte de su trabajo que implicaba relacionarse. Tenía un libro de autoayuda en el salpicadero. Pero nosotros estábamos anormalmente callados, dado el tamaño del grupo. Después de explicarle el motivo de nuestro viaje, nos dejó tranquilos y solo miró de vez en cuando las distintas caras por el espejo retrovisor.

Nos apiñamos en varias habitaciones contiguas de la segunda planta del motel. Éramos alrededor de una docena. Lo primero que hicimos fue sacar las sillas al balcón, para tener un lugar donde fumar, y juntar todas las camas. ¿Cómo sería asistir al funeral de una persona de nuestra edad? ¿Quién más acudiría? ¿Alguien conocía a sus padres? ¿Cómo sería su hermana? Me quedé despierto hasta muy tarde intentando escribir. Dormimos a pierna suelta unos sobre otros, inmaculados y rebosantes de dicha.

Esa fue la semana en la que había moscas por todas partes. Quizá fuera la misma, siguiéndome allá donde fuera. Tumbado en la cama o conduciendo con las ventanillas subidas. Dentro de un avión, en la punta de un cigarrillo, en todos los balcones a los que salía. «Recuerdo cómo se le pegaban cosas nuestras —escribí en mi diario azul—. A cambio, yo me enganché al tabaco». Una mosca se posó en la página y anduvo por encima, su rastro una frase que no pude leer.

Me obsesioné con documentarlo todo, con tomar nota de toda la extrañeza del ambiente. En los márgenes de mi diario, dibujé el enrejado del motel. Escribía todo lo que podía recordar. Algunas cosas eran para analizarlas más adelante, crípticas frases esbozadas sobre tiempos pasados que me parecían demasiado buenos para mi vocabulario actual. Escribía por un sentido de responsabilidad con nuestro pasado. Algunas páginas estaban repletas de bromas nuestras porque no quería olvidar qué era el «Gran fiasco del huevo» ni cuál de los amigos de Ken no se acordaba nunca de que yo no me llamaba «Woo».

El sábado por la tarde, nos permitieron ver a Ken. Yo aún no había terminado el elogio fúnebre. Tuve una sensación de *déjà vu* cuando íbamos en el coche camino de la funeraria. Quizá fuera el clima. Estaba con Anthony y los chicos. Merodeamos por el aparcamiento todo el tiempo que pudimos, posponiendo lo inevitable, cogidos por los hombros, apiñados como si estuviéramos preparándonos para un partido importante. Nos sentíamos seguros así, y nos tranquilizamos unos a otros diciéndonos que seríamos siempre amigos. Habíamos pasado días invocando su esencia, recordando su mirada, gestos y olores, y ahora su cadáver estaba a solo unos metros de distancia. Uno a uno, fuimos a hablar con los padres de Ken, que nos consolaron a todos. Tenían la cara hinchada y arrugada. Luego, cada uno de nosotros se acercó al ataúd para despedirse de su amigo, lo miró por última vez, le susurró una última intimidad. Cuando fui hacia él, me picaba la curiosidad: ¿le veríamos la herida de la cabeza, por donde debía de haber salido la bala? «Puto Ken», susurré al asomarme. Una mosca se posó en su mejilla. Hice un gesto con la mano para tratar de apartarla y casi lo toqué, pero la mosca se quedó donde estaba, como si se burlara de mí.

¿Eran reales aquellos presagios y señales? De algún modo, me convencí de que todas aquellas moscas eran él, zumbando a mi alrededor y metiéndose conmigo, y solté una risa histérica.

Después de regresar al motel y cambiarnos de ropa, fuimos a un Wendy's que estaba a la vuelta de la esquina. Me acurruqué en una mesa aparte con mi diario azul para intentar terminar el elogio fúnebre; una mosca se posó en la página y anduvo por las líneas que acababa de escribir. Se detuvo. Dibujé un círculo a su alrededor y sonreí.

El servicio era a las siete, aunque parecía que el tiempo se hubiera congelado desde el velatorio. En la portada del programa había una pequeña fotografía en color de Ken. Parecía que fuera a penetrarte con la mirada. Debajo, las palabras «Amor perdido, pero no olvidado». La sala estaba llena a rebosar. Vibraba de honda emoción cuando la recorrí con la mirada. Vi a Mira, con quien no había hablado en varios días y que no me había dicho que vendría. De repente, sentí un loco arrebato de amor por ella. Un anciano de la parroquia de Ken dijo que jamás había visto tanta gente en un servicio funerario. Eso me recordó que Ken tenía muchas otras identidades: «Kenny», miembro de la comunidad japonés-estadounidense del Área Metropolitana de San Diego, hermano pequeño. Un periódico de San Francisco lo había descrito como «estudiante universitario, miembro de la fraternidad Sigma Alpha Mu y jugador de voleibol que recientemente se había aficionado al *swing*». Lo llamaban «Kenneth» y mencionaban a amigos desconocidos para mí. Lo conocía de una manera tan específica («Hiroshi Yamasaki») que empezó a parecerme insuficiente. Había ofrendas florales de sus amigos del instituto, miembros de su fraternidad, otros feligreses de su parroquia. Sus padres habían creado un fondo de becas. Yo ni siquiera sabía que Ken pertenecía a una parroquia. No se trataba solo de nosotros. Éramos sus amigos, nada más. Solo habíamos conocido pedacitos de él, durante unos pocos años de nuestras vidas relativamente cortas. El funeral parecía una *rave*. El ambiente estaba cargado; veía el aire moviéndose por la sala. Todos nos tocábamos y mecíamos, nos apoyábamos en el vecino, emitíamos un aura, solos en nuestro mundo particular, desesperados por entrar en otro, juntos. Una sonrisa de dolor en el extremo de la sala podía destrozarnos. La alegría palpitante y electrizante de reírnos juntos. Cuerpos que intentaban expulsar sus males no estándose quietos, sollozando, meciéndose en los bancos, intentando refrenarse. Quería gritar y quería oír todos los corazones latiendo en la quietud.

El programa me identificaba como miembro de Sigma Alpha Mu, un detalle con el que Ken se habría partido de risa.

Leí nuestras palabras en voz alta. El tipo sabía vivir. El brillo de sus ojos, los distintos cortes de pelo —todos ellos ejemplares—, su facilidad para irse siempre de rositas, fuera por armar jaleo en la biblioteca o por casi hacerte perder un avión. No costaba nada perdonarlo. Jamás respetaba tu derecho a dormir, sobre todo cuando había en juego un descubrimiento o avance importante. La persona menos cínica del planeta. Un niño grande, leal cuando había que pelear, fiel coleccionista de bromas particulares. Risas, siempre.

Llevo años intentando describir su risa; era ronca y nasal. Me daba miedo que un día se me olvidara. La manera en la que se le cerraban los párpados cuando estaba borracho, cómo su sonrisa segura se ensanchaba hasta llenarse de dientes. La sonrisa de un niño. Su carraspera a la mañana siguiente, los chasquidos de lengua cuando discutía, su entusiasmo de entrenador cuando nos sacaba de la cama, de la habitación, al mundo.

Fue como si me separara de mi cuerpo. No reconocía las palabras de la página; estaba en otra parte. No reconocía la ropa que llevaba: la camiseta retro negra y el pantalón de rayas finas que me había comprado unos días antes. Cada uno de nosotros debía proteger sus recuerdos de él, dije, porque eso lo traía un poco de vuelta. Era la única manera de llevárnoslo al futuro. Enumeré todas las cosas que ya nunca haríamos con él, desde la esperadísima interpretación de «Piano Man» con Irami y Alec, hasta darle a Steve su regalo de cumpleaños, pasando por las ceremonias de graduación, las bodas, jugar con los futuros hijos de Gwen. «Lamentamos que este mundo sea tan jodido. Te ha apartado de nosotros y a nosotros de ti».

Sammi opinaba que decir palabrotas en una ocasión tan solemne era pasarse un poco.

Cuando regresé a los bancos, estaba mareado; el agotamiento de la semana me pasaba al fin factura. Por unos instantes, sentí paz. Se me relajaron la mandíbula y los hombros; apoyé la cabeza en el hombro de Sean y rodeé a Anthony con el otro brazo. El elogio fúnebre, construido a partir de todos nuestros recuerdos, reflejaba exactamente, a nivel molecular, cómo sentíamos la vida ese día. Quizá no estuviera bien escrito. Pero era perfecto.

Salimos en silencio. Era tarde, pero aún había sol, lo que me pareció un poco deprimente. Era como si el tiempo no hubiera pasado y no hubiera ocurrido nada. No me atreví a fumar delante de la familia de Ken. El dorso del brazo me ardió cuando me asomé a la ventanilla del Camry de Sean en el aparcamiento para medio gritarles a todos que los quería. Pusimos «Tha Crossroads» a un volumen considerable. También era perfecta. Delirante y sinuosa, dichosa y tierna, con picos y valles; Bone Thugs-N-Harmony rapeaban tan rápido como era humanamente posible, más veloces que el tiempo, con la esperanza de reencontrarse por última vez con amigos y familiares que ya no estaban. En la residencia, había oído la canción centenares de veces y siempre me había rebelado contra la blandura que rezumaba. Ahora era un sedante, la única música que podía soportar. No tanto para huir del presente como para escarbar más hondo en sus capas y texturas por unos minutos. Una sesión de espiritismo. Eran raperos probando suerte con el du dúa y me fascinaba cómo sus voces se trenzaban con una especie de intensa imperfección. Parecían demostrar que existía algo más grande.

Fuimos todos en convoy a casa de Ken, donde sus padres nos habían invitado a reunirnos. Cuando Sean y yo salimos del aparcamiento, me di cuenta de que ya había estado allí. La funeraria se encontraba justo al final de la calle de CD City, donde Ken me había llevado a comprar casetes hacía unos meses. Sean paró para que pudiera fumarme un cigarrillo fuera del coche.

Sus padres se aseguraron de darnos bien de comer. No me podía creer que tuvieran energía para preparar tanta comida y cuidarnos a todos. Una exagerada cantidad de veinteañeros apretujados en su sofá. El padre tenía la cara enrojecida y quedaba claro de quién había sacado los ojos Ken. Sus padres no lloraron delante de nosotros, pero daban la impresión de que ya no volverían a reírse en lo que les quedaba de vida. Sean y yo nos turnamos para salir a sollozar en la acera. Cuando nos marchamos, nos dijeron que nos enviarían por correo todas las cosas de Ken con las que quisiéramos quedarnos.

Esa noche, Paraag, Sean, Dave y yo fuimos a Barona, un casino del que Ken nos hablaba a menudo. Estaba en Lakeside, a más o menos una hora al este. No me apetecía ir, pero, por otro lado, quería hacer algo, ir a alguna parte, sentir el acogedor cautiverio de un coche y después deambular entre desconocidos. Nos apretujamos en el auto de Sean e invocamos el espíritu de Ken: «¡Las Vegas, nena!». Le gustaba citar la frase de *Swingers*, aunque la aventura en cuestión fuera una corta caminata para comprar burritos. Barona no era en absoluto Las Vegas, al menos en lo glamuroso. Me pareció sucio y triste mientras la gente bajaba las palancas sin entusiasmo o pedía cartas con hastiada desesperación. Perdí veinte pavos y me pasé las horas siguientes andando en círculos, escribiendo sobre los acontecimientos del día en el reverso de extractos de cajeros automáticos y tarjetas de visita.

Cogimos el vuelo de regreso el domingo temprano. Cuando llegué a mi piso, me dejé caer en el sofá y vi cómo el polvo se dispersaba perezosamente en el aire antes de poner una canción bonita. No recuerdo cuál, solo que su belleza, destacada sobre el apacible cielo azul, era insoportable. Antes, la armonía insinuaba la posibilidad de un orden sublime, de propósitos tan eternos y verdaderos que no reconoceríamos meramente la belleza, sino que la sentiríamos vibrar en el cuerpo. Ahora solo me daba náuseas. Subí el volumen, más y más, hasta que la canción solo fue un ruido distorsionado, y entonces apagué el equipo y me fui al baño. Saqué la maquinilla de pelo de Anthony, le acoplé la cuchilla más corta y me rapé la cabeza, dejándome importantes zonas sin rasurar en la nuca.

Salí de casa para reunirme con Alec y Gwen en un nuevo restaurante de comida rápida vegetariana de Telegraph. Fui por Channing para no ver el balcón de Ken. Me sentía raro estando solo. Alec y Gwen se percataron de mi nuevo corte de pelo, pero estaban demasiado cansados, o fueron demasiado amables, para comentar lo mal que me quedaba. Hablamos, cuidándonos de no decir nada.

Después de comer, me pasé por Amoeba para ojear cedés. Pero todo me traía recuerdos, me despertaba sentimientos de insignificancia o frágil timidez con los que ya no me identificaba. La música ya no simbolizaba un mundo mejor. «God Only Knows» me desconcertaba. Oía todas las veces que la había oído. El elepé rayado de *Pet Sounds* que había encontrado en las cajas de discos usados de Amoeba, las canciones coreadas en busca de dónuts por San Pablo, las pausas de estudio, la escena de *Juegos de placer* que analizamos minuciosamente cuando regresábamos de Walnut Creek en el jeep descapotable de Steve. Momentos que parecen insignificantes hasta que tienes una razón para aferrarte a ellos, para imprimirles un orden. Carl Wilson ya no me parecía tierno y puro, sino burlón, custodio de un secreto que quería conocer. La grandeza de los arreglos de su hermano Brian, la perfección del sonido, personas distintas unidas en una canción hermosa: me repugnaba. Decidí que ya no podía escuchar nada de lo de antes.

Después del funeral, retomé mi labor docente en Richmond durante el verano. El director del centro juvenil me había animado a tomarme un descanso, pero me pareció prudente recuperar una cierta rutina. Ahora, en momentos insospechados de una clase de Matemáticas, me embarcaba en largos monólogos sobre no distanciarse de los amigos y aprovechar las posibilidades de la juventud. «A mí me da igual ser joven o vieja —observó Melissa, de diez años—, siempre y cuando esté viva». Un día, les pedí que dibujaran «mapas de vida» que relacionaran los viajes de sus familias con sus sueños de futuro. Vimos muchas veces la película de las Spice Girls en VHS. Las pocas fuerzas que lograba reunir día tras día las dedicaba a rezar para que el vídeo funcionara. Me sentaba al fondo y veía cómo mis alumnos veían películas, arrullado por su capacidad para embelesarse. Comprendí que parte de enseñar residía en ser vampiro. Los profesores se nutren de la energía de sus alumnos y aprenden tanto como enseñan.

Me sentía responsable de protegerlos, pese a no comprender los peligros específicos de sus vidas. Cada momento importaba; cada momento existía para enseñar una lección de vida. Pasaba más tiempo llevándolos en coche que corrigiéndoles los ejercicios. Después de clase, los dejaba en casa o nos aventurábamos a ir a un centro comercial distinto y mucho más animado que había carretera abajo. Un día llevé a unos cuantos a un Blockbuster para alquilar una película y después a Target para comprar algo de picar. Cuando pagué, cogí un paquete de cromos de béisbol. Megan, una curtida preadolescente de trece años, me preguntó si no era demasiado mayor para los cromos de béisbol. Le hablé del atractivo de la nostalgia y los recuerdos de infancia, y de querer recuperar la confiada inocencia de la niñez. Me miró y asintió con educación, sin apenas disimular su parecer. Estaba tirando el dinero.

Los llevaba en coche un viernes por la tarde; miré por el retrovisor y vi a cuatro críos al filo de la adolescencia, hombro con hombro, la clase de intimidad que aún se vive con vacilación y novedad a esa edad. Ya no me molestaba en intentar ponerles mis cintas de hiphop underground o Sly & the Family Stone ni en aleccionarlos sobre los contextos socioeconómicos que habían definido a sus raperos y cantantes favoritos. Querían escuchar los éxitos de 2Pac, no los temas del álbum. Tenían el control de la radio. Un rayo de sol entró en el coche y se posó en la cara de dos de ellos mientras cantaban «Nice & Slow». Ninguno de los dos me recordó a mí ni a los asiáticos con los que había crecido.

No obstante, había uno que me recordaba a Usher; la misma sonrisa, su postura. La niña que iba a su lado lo miró y se sonrojó por haber tardado un nanosegundo de más en apartar los ojos. Él siguió bamboleándose como si nada, cantando, con el flequillo ensortijado oscilándole también al compás. Aquellas canciones les enseñaban a desear, a expresarse. Eran emociones que aún no habían arraigado, pero que pronto los desbordarían.

Aquel fue el año en el que una de cada dos canciones de la radio era de Master P. Al principio, aquella música me resultaba demasiado lenta. No me gustaba su manera exagerada y seca de apoyarse en cada sílaba, como si se regocijara de lo poco que tenía que decir. Gemía, no rapeaba. Siempre les decía a mis pasajeros que, aunque Master P era malísimo, era de Richmond, como ellos. Su discográfica gestionada por su familia, No Limit, era uno de los grandes triunfos de la historia del hiphop. Ellos también podían ser empresarios algún día.

A medida que avanzaba el verano y oía «Make 'Em Say Uhh» e «It Ain't My Fault» de Silkk the Shocker más y más veces, aquella música cobró sentido para mí en un nivel humano básico. Aquellos raperos se movían por el mundo a su propio ritmo. Los cuerpos se estremecen cuando no se encuentran palabras. A veces, un gruñido o sollozo dice más. Sus ritmos sonaban como si la muerte estuviera cambiando muebles de sitio en el inframundo. Dimos tantas vueltas en mi coche que todas las canciones que les encantaban, desde los grandes éxitos de No Limit hasta las envolventes baladas románticas, a las que meses antes me había resistido, pasaron a ser los sonidos que más necesitaba. Las arpas celestiales de «The Boy Is Mine» de Brandy y Monica, los gorjeos de bebé de «Are You That Somebody?» de Aaliyah. Tiempo atrás, la música me había enseñado acerca del amor, la timidez, las virtudes de sentirse pequeño. Ahora me sumergía en historias épicas y deslumbrantes de desamor y resurrección, canciones que describían vidas de triunfos y dolor, que siempre trataban de algo más grande que un chico o chica en particular.

La semana siguiente a la muerte de Ken, mis amigos y yo no nos separamos ni un instante. Sammi, Alec, Gwen, Henry y yo fuimos a ver *Algo pasa con Mary* unos días después de haber regresado del funeral. En cuanto empezó, recordé que Ken y yo habíamos visto el tráiler hacía unos meses, el día que fuimos corriendo a Emeryville para llegar a la última sesión de *El show de Truman*. Teníamos pensado verla juntos. Su recuerdo seguía tan fresco en mi memoria que sabía qué frases le habrían encantado y oí su voz repitiéndolas.

Con el tiempo, nos costó más llorarlo juntos, pues todos nos encontramos pasando por las distintas etapas del duelo a nuestro ritmo, marcado por nuestros detonantes emocionales y niveles de intensidad. Anthony había vuelto a trabajar en la universidad cuando, sin venir a cuento, su jefa empezó a hablarle de cómo había sobrevivido a un tiroteo indiscriminado en un bufete de abogados de San Francisco a principios de los noventa. No le explicó por qué se lo había contado y él no supo qué decir. Pero le pareció un intento de tender lazos, de transmitirle que aquella dura experiencia le había enseñado que, pese a todo, la vida continuaba. Fuera de nuestro círculo, nadie sabía qué decirnos. Pero, al menos entre nosotros, comprendíamos lo que expresaba el silencio.

Una de las primeras personas con las que hablé fuera de los confines de nuestro pequeño mundo fue Jay, uno de mis pupilos en Richmond. Tenía trece años y una sonrisa intensa que daba bastante miedo, y me escuchó fascinado, pendiente de cada detalle. No asistía a mi curso de verano, pero pasaba mucho tiempo en el centro, lo que me parecía una buena señal. Comparado con su hermano, callado y de mirada soñolienta, Jay siempre hablaba más de la cuenta, se metía continuamente en líos y le sostenía la mirada a cualquiera, de cualquier edad, que lo desafiara. Me gustaba tenerlo cerca.

Le había prometido llevarlo al cine. Un tranquilo miércoles por la tarde, una semana y media después del funeral de Ken, llevé a Jay y a algunos otros chicos del programa a Hilltop, el centro comercial local, para ver una película juntos. Estaba tan aturdido que tardé unos diez minutos en darme cuenta de que eran demasiado jóvenes para ver *El club de las strippers*, una comedia negra sobre los comienzos de un club de estriptis. Ellos no daban crédito a su suerte y se retorcieron en las butacas, encantados cada vez que salía una mujer desnuda, soltando risitas nerviosas.

La película terminó y salimos del cine despacio. Jay me miró. «Vente a dar una vuelta por el centro comercial con nosotros, Hua». Yo era el adulto, pero él y sus amigos me protegían. Les conté a los demás lo que le había ocurrido a mi amigo. «Es duro, tío —dijo Saeng, el más sabio de los chicos. Se le quebró un poco la voz—. Dios, qué putada». Uno de ellos se ofreció a invitarme a comer algún día.

No volvieron a sacar el tema. En cambio, Jay empezó a llevarme el material de clase en el corto trayecto entre el centro juvenil y mi aula, que estaba unas casas más abajo.

En agosto, durante la última semana de la escuela de verano, los alumnos retaron a los profesores a un partido de sóftbol. Pensé que sería la manera ideal de cerrar el verano. Me redimiría en el terreno de juego.

Llegó el gran día y, después de pasarme la noche visualizando un buen resultado, me daba la sensación de que teníamos posibilidades. Los profesores habíamos llegado a la octava entrada con una carrera de menos y yo era el primero en batear. Había jugado un buen partido, aunque no espectacular, con un par de sencillos y ningún fallo en el campo, sobre todo porque pocos miembros de ambos equipos habían jugado demasiado al sóftbol y todos quedaban eliminados al batear. Era la hora de la verdad y mi equipo me necesitaba.

Llevaba un pantalón corto de camuflaje, un polo, una visera Nike que había sido de Ken y unas Air Max plateadas. Me subí los calcetines blancos todo lo posible, hasta las rodillas, para destacar mis zancadas al correr las bases. Me saqué las llaves del coche del pantalón y se las di a otro profesor. Me dirigí al plato con decisión y les guiñé el ojo a mis alumnos. Me di unos golpecitos en las suelas de las zapatillas con el bate y me coloqué en posición. Jay sonrió y me arrojó la pelota en alto. La lancé por el suelo con poca fuerza hacia el lado derecho del cuadro interior. Rodó por la hierba, inofensiva e impotente. Corrí hacia la primera base con todas mis fuerzas.

El segundo base lanzó desviado y la pelota rodó hacia el aparcamiento. Rodeé ampliamente la primera base y corrí hacia la segunda con arrogancia. Vi a dos jardineros coqueteando y decidí intentar un triple. Me imaginé llegando a la tercera base con un deslizamiento perfecto, sacudiéndome el polvo de las manos y contemplando a un montón de administradores aplaudiéndome desde la cueva. Entonces, camino de la tercera base, vi la pelota, destinada a llegar antes que yo. Me fijé en la tercera base: Megan. Había estado lanzando el guante al aire mientras yo bateaba, así que no había duda de que no estaba preparada.

Iba en busca de un propósito. Aquel me parecía tan loable como cualquier otro. Seguir adelante sin vacilar.

Había dedicado muchas horas a aquellos jóvenes; ¿quién era yo para enseñarles que la vida es fácil o justa o que hay que confiar en la autoridad? A veces, es jodido. Nos refugiamos en algún sitio y nos damos cuenta de que no es el paraíso que imaginábamos. La policía nos hostiga sin motivo; el humor de nuestros padres cansados parece gobernado por fuerzas que aún no sabemos nombrar. Nuestro mentor de veintiún años, por lo demás tranquilo, corre hacia nosotros, empeñado en alcanzar la gloria. Les quedaba mucho por aprender.

La pelota llegó a su destino bastante antes que yo, pero aun así me deslicé por el suelo, choqué con Megan y le golpeé el guante con los pies. La pelota salió volando y ella cayó al suelo. Yo tenía la espinilla destrozada; el mantenimiento del campo era nulo y los senderos entre las bases estaban sembrados de piedras y cristales. Seguí adelante, pisé el plato con fuerza y levanté los brazos. Me notaba la rodilla fría por la sangre que la embadurnaba. Me sentía libre. Grité.

Ninguno de mis compañeros —administradores, profesores, otros mentores— me felicitó después de aquel improbable *home run* dentro del parque. En cambio, estaban todos petrificados, en estado de *shock*. Mi jefa tenía la boca abierta; parecía demasiado aterrorizada para enfadarse. Otra profesora de la escuela de verano intentaba disimular su repugnancia con una sonrisa nerviosa. Otros adultos se tapaban la cara. Los chicos varones, encantados, corrieron al plato y se apiñaron a mi alrededor.

Me sentí aliviado cuando el verano terminó. Los días se habían ido amontonando; habían transcurrido semanas; las cosas tenían que mejorar. Escribí sobre el partido de sóftbol en mi diario y concluí que mi nueva manera de entender el mundo era que «la vida va rápido». Se me formó una costra horrible en la rodilla del tamaño de una loncha de fiambre. Disfruté viendo cómo se agrandaba, mutaba, adquiría nuevas fisuras. Parecía una masa terrestre que iba ganando terreno al mar. Lucía la herida como una insignia. Me encantaba explicar cómo me la había hecho porque mi manera de regodearme en su violencia tenía algo que me parecía inusual. Y también era una historia nueva que no guardaba ninguna relación con Ken ni con el pasado.

Pasaba todas las noches en el piso de Mira, pero nunca tenía ganas de hablar ni de hacer casi nada. Me enfurruñé cuando comparamos los horarios de clase de ese otoño y nos dimos cuenta de que no podríamos comer nunca juntos. Su compañero de piso era Charles, que había entrado en la fraternidad de Ken después de él. Salía con una de las amigas de infancia de Mira, Kathy. Admiraba su ritual de terminar el día con una cerveza, un cigarrillo y unas cuantas entradas de béisbol en la PlayStation. Cuando Mira se iba a la cama, Charles y yo jugábamos en silencio, proyectando nuestro destino en la pantalla.

Ahora que mi trabajo de verano había terminado, mi madre y yo viajamos a Taiwán para pasar un par de semanas con mi padre. Pensaban que el cambio de aires me vendría bien. Fue reconfortante acomodarme en un entorno paternofilial de un tamaño tan manejable. Me dejaban a mi aire. Soñé que Ken y yo íbamos a un 7-Eleven y que yo me sentía aliviado de poder devolverle la camisa de Polo Sport que sus padres me habían enviado. Al día siguiente, mis padres y yo fuimos a un templo para hacer una ofrenda a nuestros antepasados. Lo había hecho centenares de veces, pero en esa ocasión me pareció distinto. Quería elegir la mejor varilla de incienso del montón; mis movimientos camino del altar tenían que ser precisos y perfectos. Al inclinarme, empecé a susurrarle. Cuando abrí los ojos, una mosca se posó en una sarta de cuentas.

Unos días después de que Ken muriera, mi madre me había llamado al móvil mientras yo iba al volante. Sammi respondió y charlaron unos minutos. Mi madre le dijo que lo que había ocurrido era horrible. Pero teníamos que encontrar la manera de seguir adelante. Me pareció un consejo cruel, sobre todo porque seguíamos en estado de *shock*. Después de aquella llamada, mis padres y yo apenas hablamos de lo ocurrido.

Cuando salíamos del templo, mi padre me entregó una carta que había escrito en papel de tamaño DIN A4. «Cuando miro más allá de mi trabajo —había escrito—, la sociedad, el mundo, me defraudan. —Se lamentaba de los oportunistas rastreros que engañaban a nuestros sistemas económicos—. No podemos esperar que diablo los haga cambiar de opinión. —Mi padre no mencionaba en ningún momento los acontecimientos del mes anterior, pero quería recordarme que podía contar con mi madre y con él pese a la «incertidumbre» del último curso. Quizá yo podía pensar en maneras de efectuar cambios en el sistema de justicia, había escrito—. ¿Tú qué crees?».

También me dio una casete de las suites para chelo de Bach. «Parece intentar tratar tema de "verdadera libertad" —había escrito. Tal vez yo lo entendería mejor que él—. Sigo gustando Beethoven, Brahms, Chaikovski, Bartok, Janacek. Cuando no me siento bien, los escucho para calmarme. Por supuesto, Bob Dylan y Neil Young en menor medida. ¿Y tú?».

«Es extraño, porque todos estamos envejeciendo sin Ken», escribí en mi diario, aunque solo hiciera un mes que nos había dejado. Sentía una nostalgia desgarradora por cosas que habían sucedido apenas unas horas antes y las ponía por escrito como un historiador describiría un hito histórico acaecido siglos atrás.

El fin de semana antes de empezar cuarto, fui a Cabo San Lucas con Sammi, Alec, Gwen, Dave y unos cuantos amigos más. Llené la mochila todo lo que pude. Había tomado por costumbre llevar la gorra de los Cuban Sugar Kings que Ken se había dejado en mi piso. Alec no se quitó las gafas de sol en ningún momento porque tenía una fea cicatriz debajo del ojo derecho. Había vuelto a beber después del funeral. En uno de los eventos de trabajo de Gwen había barra libre y Alec se había emborrachado tanto que se había caído en la calle, se le habían roto las gafas y había estado a punto de quedarse ciego.

Me daba miedo que nuestro avión a México se estrellara. Que el taxi del aeropuerto al resort chocara con un coche que circulaba en sentido contrario. Que las sábanas me transmitieran alguna enfermedad extraña. Que tuvieran que amputarme la pierna por mi herida del sóftbol. Una tarde, todos los demás se apuntaron a una salida de pesca en alta mar. Como yo no sabía nadar, me quedé en tierra, viendo cómo el barco se perdía en el horizonte. Estuve yendo y viniendo por una playa vacía, preguntándome qué haría si les ocurría algo terrible. Los organizadores no eran pescadores ni guías turísticos, sino cerebros criminales. El cielo estaba precioso y sereno, pero ¿y si se desataba un huracán y mis amigos no podían desembarcar? De repente, parecía lógico esperar siempre lo peor.

A menudo pasábamos por delante de una obra de construcción camino de la playa, y los obreros, a cientos de metros de altura, silbaban a Sammi y a Gwen y las piropeaban. Yo pensaba en lo comunes y corrientes que debíamos de parecerles desde tan alto.

Salir de fiesta en México era algo que jamás habría hecho antes de la muerte de Ken, pero esperaba que me conectara con una apertura a la diversión que honrara su memoria. Tenía una relación tensa con la diversión. Me pasaba la mayor parte del tiempo escribiendo en mi diario o fumando fuera de las discotecas. Era un aguafiestas, incapaz de desconectar, bebiendo Newcastles con aire taciturno, despegando las etiquetas y anotando la hora y el lugar. Me encantaba mirarme la costra de la pierna, me la toqueteaba a todas horas, cincelaba sus bordes, hasta que finalmente estuvo lista para desprenderse y flotar mar adentro en las cálidas aguas del Pacífico.

SHUT 'EM DOWN

F YOU ARE INVOLVED IN PROJECTS OR COALITIONS
UPPORTING FOLKS ON THE INSIDE, HELPING YOUNG
EOPLE STAY OUT, OR STRUGGLING TO CREATE AN
VERHAUL OF THE WHOLE CRIMINAL INJUSTICE SYS-
EM - COME TEACH OTHER FOLKS HOW THEY
OULD BE DOING IT TOO. CONTACT US NOW TO
OOK UP A WORKSHOP OR SPEAK ON A PANEL.

PARTICIPATION IS FREE!

CRITICAL RESISTANCE

PO BOX 339 BERKELEY, CA 9470
(510)643-2094   (510) 845-8816
WWW.IGC.ORG/JUSTICE/CRITICAL
CRITRESIST@AOL.COM

planet
rock

DON'T STOP
MASSIVE

SATURDAY JULY 18th 1998

Circulaba una leyenda sobre un discreto estudiante de ingeniería que había ido a nuestro instituto. Estaba tan angustiado por la mala nota que había sacado en un examen de informática que, cuando un presunto ladrón se acercó a él con un cuchillo, se lo arrebató, lo arrojó a los arbustos y siguió andando. «Hoy tengo un mal día», parece que dijo.

A lo largo de cuatro años en Berkeley, Sean perdió en dos ocasiones una buena cantidad de dinero a manos de desconocidos, aunque la segunda vez fue consecuencia de su ingenuidad. Un hombre que iba en una furgoneta le ofreció un ordenador portátil nuevo y le enseñó la caja por la ventanilla. Doscientos pavos. Fueron juntos a un cajero automático. Pero, cuando Sean cayó en la cuenta de que el trato era demasiado bueno para ser verdad, intentó arrebatarle el dinero. El hombre lo mordió en el brazo, corrió a la furgoneta y se largó. No nos podíamos creer que Sean, que se había criado en Nueva York, o Nueva Jersey, fuera tan poco espabilado.

A mí me asaltaron para robarme la cartera unos meses antes de la fiesta de Ken, muy cerca del edificio Rapa-Nui. No estaba seguro de cuál era el protocolo después de entregar la mercancía. Me quedé ahí de pie junto a cuatro adolescentes mientras ellos miraban lo que había dentro: nada de dinero, una tarjeta de Blockbuster, una tarjeta de crédito falsa con el conejito de Playboy que venía con la cartera, una ficha de color rosa (con ideas para un fanzine) y una fotografía doblada de Björk. Eché a correr hacia casa y oí el frufrú de una parka de North Face detrás de mí. Al volver la cabeza, vi que me perseguía uno de los chicos. Quería devolverme la cartera; les había dado pena.

Nada de aquello hacía que Berkeley pareciera peligroso, sino solo conectado con un mundo más grande y complicado que el de los aburridos barrios residenciales de los que proveníamos muchos de nosotros. No estudiábamos en una burbuja. Los ladrones con iniciativa siempre verían a los universitarios como presas fáciles y, en la mayoría de los casos, los delitos rara vez pasaban de robos de bicicletas. El asesinato de Ken había sido una anomalía. Pertenecía a una categoría completamente distinta a los típicos delitos menores de los que habíamos sido objeto los demás. La universidad no había visto nada parecido desde el incidente de los rehenes en 1990 en Henry's, un bar de la avenida Durant, o el misterioso apuñalamiento de un estudiante en 1992 en Eshleman Hall, el edificio del campus que albergaba la asociación y los clubes de estudiantes.

Los peligros que podían surgir en un lugar como Berkeley no eran tragedias de aquella magnitud. Se debían a que la universidad estaba tan pegada al mundo que había justo al otro lado que no existía una verdadera separación, lo que nos dispensaba versiones extrañas y desagradables de la vida adulta. El conocimiento podía no hacer libre ni iluminar el camino. Podía convertirse en una especie de jaula.

Siempre había adultos raros rondando por la plaza principal de Berkeley: víctimas del LSD quemadas por el sol, partidarios de causas o conspiraciones demasiado extremas para un entorno menos liberal. Algunos no llevaban nunca ropa de abrigo; otros parecían ir siempre demasiado abrigados, con recios chaquetones y carteles que precisaban la relación entre Bill Clinton, la CIA y el dalái lama. De vez en cuando, veía en Dwight Way a un hombre de mediana edad exageradamente simpático que iba vestido de nazi hasta el último detalle. La meticulosidad de su atavío lo hacía incluso más singular. Nadie pensaría que un futuro con todas las puertas abiertas pudiera culminar en una retirada a los rincones más oscuros de la propia mente. El mundo les parecía muy simple, aunque fuera imposible ganar, una historia que se contaban sin cesar hasta creérsela. Quizá fuera eso lo que lo hacía tan simple, su entrega a causas que estaban perdidas de antemano.

Un hombre inquietantemente musculoso vestido de caqui patrullaba todas las tardes por las escaleras de la plaza Sproul. Iba de acá para allá, soltando sermones a nadie en particular y, desde lejos, parecía que vendiera suplementos deportivos. Pero, cuando se daba la vuelta, se veía que sus carteles de fabricación casera estaban llenos de horribles fotografías ampliadas de fetos abortados. Parecía muy infeliz, empeñado en provocar más que en convencer. Resultaba un poco cómico imaginar el monólogo interior de un culturista fervientemente provida. Los estudiantes intentaban dialogar con él, ponerlo en evidencia, tantearlo para ver si estaba bien de la azotea. Pero ese día no queríamos que nadie nos recordara nada relacionado con la vida, la muerte o el infierno. «2 de septiembre de 1998. Primer día, hacia mediodía, estábamos sentados en la plaza Sproul pasando el rato, oyendo cómo todos los gilipollas religiosos nos decían que iríamos al infierno. Gwen se puso a berrear. Fue duro».

Ese otoño, la universidad recopiló una lista de amigos de Ken y nos envió un correo electrónico ofreciéndonos ayuda psicológica para elaborar el duelo. La psicoterapia me parecía exótica y exclusiva. No me sentía deprimido, un estado que asociaba con una especie de aburrido inmovilismo. No quería morirme, aunque cada vez sentía más curiosidad por los aspectos prácticos de la muerte. «¿Cómo era al otro lado?». No estaba catatónico ni nada parecido. Estaba ocupado, frenético, me quedaba despierto toda la noche leyendo y escribiendo.

Que yo supiera, ninguno de nosotros aceptó el ofrecimiento de la universidad. Al menos, nadie lo comentó. Simplemente, cada vez hablábamos menos sobre lo que había ocurrido durante el verano. Paraag señaló que, para muchos de nosotros, había sido un año bastante bueno hasta julio. Lo mejor era que cada uno encontrara su manera de seguir adelante. Yo me desahogaba por SMS con mis conocidos de *cross* y después no les cogía el teléfono. Buscaba nuevas rutinas, un modo de reconfigurar mi entorno. Siempre acababa pensando en aquella noche y eso me hacía sentir fuera de lugar entre mis mejores amigos, quienes se habían esforzado mucho por volver a imprimir un cierto ritmo a su vida.

A menudo iba al piso de Paraag y Sean, al final del pasillo, para ver béisbol porque tenían televisión por cable; era el año en el que Mark McGwire y Sammy Sosa protagonizaron una carrera histórica para romper el récord de *home runs* en una sola temporada de Roger Maris. Me quedaba a ver batear a McGwire o Sosa y después regresaba por el pasillo sin hacer ruido. De vez en cuando, iba con ellos a Henry's los martes de dos por uno, una promoción de cerveza barata que era básicamente una fiesta de fraternidad en terreno neutral. Un hombre de mediana edad, bien vestido con americana y pantalones chinos, solía ir esas noches. Pasaba de beber solo con aire pensativo a invitar a una ronda a algunos de los chicos, con lo que se introducía en una época dorada que no era la suya. Yo siempre desconectaba y lo observaba, preguntándome cuándo se había graduado, si iba todas las noches o solo los martes, qué placer podía reportarle estar con un puñado de universitarios desaliñados. Era como un emisario de una línea temporal alternativa. ¿Seríamos así en el futuro? Inevitablemente, mis pensamientos retornaban a la fiesta de Ken, al hecho de que el bar solo estuviera a una manzana de su fraternidad, a todas las veces que habíamos pasado el rato en la zona de restaurantes de enfrente, a la misión de romperle los cristales a la fraternidad rival de la esquina. Mientras mis amigos bebían cerveza, quedaba claro que yo estaba en otra parte. Qué fácil parecía haber sido su vuelta a la vida normal. Sentía que me habían dejado atrás y hacía ostentación de mi tristeza. No obstante, también temía su juicio, la posibilidad de que me hubiera obstinado en quedarme rezagado.

Escribía a Ken sobre las cosas cotidianas que estaba perdiéndose: películas, los nuevos fichajes del equipo universitario de baloncesto, mi clase de Teoría Política, que le habría encantado. El profesor era un hombre delgado e inquieto que se llamaba Michael Rogin. Yo imaginaba que era como Nueva York, nervioso, escribiendo frenéticamente un nuevo cosmos en la pizarra, levantando polvo por doquier, explicando con entusiasmo qué tenían que ver Nathaniel Hawthorne y Herman Melville con cómo éramos los estadounidenses. Hasta ese momento, todos habían sido lo mismo para mí: un puñado de tipos blancos muertos. Pero era más complicado que eso. Había, además, una sucesión de interpretaciones, reinterpretaciones y malinterpretaciones —por parte de lectores cautivados por la fe, lectores que detestaban lo que los obligaban a leer, lectores que exploraban el pasado lejano buscando atisbar un futuro.

La clase de Rogin no se parecía a ninguna de las que yo había cursado en el Departamento de Ciencias Políticas. Por lo pronto, reconocía que la historia de Estados Unidos era producto de la conquista y la dominación. Incidía en el trasfondo de culpa o arrepentimiento reprimidos que impregnaba las obras más importantes del país. Había que leer entre líneas. Nuestra nación estaba poblada por fantasmas. Después del primer día de clase, corrí a su despacho y lo convencí para que me dirigiera la tesis, aunque todavía no tenía tema.

A veces, Rogin dejaba caer pistas de su pasado. Nos contó que se había sentado al lado de los Rockefeller en clase —era la época en la que Harvard obligaba a sus alumnos a colocarse por orden alfabético— y que sus compañeros lo habían despreciado por ser judío de clase trabajadora. Yo vivía para esos breves destellos de su vida. Quería entender cómo se había hecho hombre. Me suscribí a *The Nation* después de que mencionara que era su revista favorita y fui a Moe's Books para comprar todos los libros que había escrito sobre Melville, el *blackface*, Ronald Reagan. Todas las semanas, me presentaba en su despacho en horario de consultas para repetir como un loro cosas que él decía en clase y memorizar los libros que veía en su mesa. Quería contárselo todo, pero no podía imaginar que le interesara.

Al cabo de un par de meses, se hartó de mis visitas para lanzarle posibles ideas de tesis. «Vienes todas las semanas —me dijo— y solo quieres hablar». Me sentí avergonzado; estaba claro que me tenía por un pelota, no por un estudiante cuyas ideas merecieran tomarse en serio. Pero tenía razón. «Vuelve cuando hayas escrito algo».

Había tantas cosas que quería contarle a Ken. Mi diario recogía mi mitad de nuestras incesantes conversaciones: los altibajos de mi relación con Mira, cómo les iba a Alec y a Gwen, el hecho de que estuviera frecuentando a su compañero de fraternidad Charles y de que hubiera adoptado a los Padres cuando jugábamos en la consola. Nada que decir sobre Wally Joyner, pero Quilvio Veras se había convertido en un buen primer bateador. De hecho, los Padres de la vida real también estaban jugando bien ese año. Le hablé de Matrix, que era la clase de película que habríamos ido a ver la noche del estreno y después nos habríamos quedado analizando hasta muy tarde mientras fumábamos, relacionándolo todo con nuestros seminarios de retórica. «¿Has visto la referencia a Baudrillard de la primera escena?». La película trataba sobre desaprender nuestra relación con el mundo. Lo que considerábamos la vida real solo era un sueño permanente, mientras nuestros cuerpos proporcionaban sustento a aquellas máquinas incomprensibles. Recuerdo que pensé: si me dieran a elegir, ¿escogería la realidad o la dulce ignorancia de un sueño?

Quería imprimir estructura a todo lo que había ocurrido antes de aquella noche de julio, convertir el pasado en una obra arquitectónica, un palacio de recuerdos por el que pasear a mi antojo. Sammi nos describía como «saqueadores en una ciudad en llamas»; le robé la frase para utilizarla más adelante. Nuestra conciencia era como una ciudad y escarbábamos en ella buscando preciados recuerdos de tiempos mejores. O quizá la memoria sea un incendio más que una ciudad. Es incontrolable, caprichosa y destructiva.

Escribir me ofrecía una manera de vivir fuera del presente, de eludir sus texturas y su lentitud, de convertirlo en lenguaje, de pensar acerca del lenguaje en vez de vivir el momento. Cuando somos estudiantes, medimos el tiempo en claros intervalos: el ritmo del semestre, el largo verano, que se vuelve menos relajado y más reglamentado con cada año que pasa. La expectación ayuda a pasar los días: el inminente lanzamiento de un álbum nuevo anunciado a bombo y platillo, el tráiler de una película que habrá que ver el mes que viene. Tenemos ilusión por el futuro, aunque ya no podamos imaginarnos la vida después de esa mañana.

De vez en cuando, me avergonzaba por adelantado de mi histerismo inconfeso. «Creo que lo más deprimente de llevar un diario es pensar, o saber, que un día estaré sentado en algún sitio leyendo esto. Intentando revivir algunos momentos, pero sorprendido, no por las emociones recordadas, sino por lo ridículamente profundo que intenté parecer en otro momento de mi vida».

Algunas tardes, regresaba a la sala de chat de AOL donde Ken, Ben, Sean y yo les tomábamos el pelo a los derechistas. Pero me resultaba extraño estar en internet durante el día.

La lista de contactos exclusivamente fachas que teníamos para aquellas ocasiones estaba casi desierta; personas como «TruthGator» no entraban en horario de trabajo. Sin el grupo para aguijonearse entre ellos, la temperatura de la sala era mucho más tibia. Charlé con la única persona que encontré conectada, una mujer de mediana edad del Medio Oeste que nunca parecía darse cuenta de que nos burlábamos de su benévola fe en el libre mercado. Sin apenas interlocutores, solo quería hablar de cosas normales, de las rutinas de nuestra vida cotidiana, no de nuestras opiniones sobre la sanidad pública. Eran personas que se sentían solas, que buscaban compañeros de equipo que podrían acabar siendo amigos.

Por la noche, me retiraba al piso de Mira. Nos sentábamos en silencio a comer pizza, a veces a oscuras, con las caras solo iluminadas por el televisor. Me enfadaba cuando ella sacaba entradas para ver un espectáculo o sugería ir al cine, siempre con una explicación a punto de por qué no eran propuestas guais. Me enfurruñaba cuando no me salía con la mía, aunque no supiera qué significara eso, dado que nunca tenía ganas de nada.

Nuestras vidas estaban entrelazadas de tal manera que no nos separábamos ni un momento, lo que me reconfortaba, aunque careciera de la gracia para expresarlo. El trabajo nos brindaba un tema de conversación. Éramos redactores de *Hardboiled*, el periódico universitario asiático-estadounidense. En nuestra primera reunión del año, el equipo propuso ideas para artículos: una retrospectiva del movimiento activista asiático en Estados Unidos, la experiencia de los niños hmong y mien en la Bahía Este de San Francisco, el trabajo esclavo en los talleres clandestinos de las islas del Pacífico, los tornamesistas de la universidad, el enigma de los fachas estadounidenses de origen asiático, la cultura subversiva de los Acura con la suspensión rebajada, los Integra tuneados y las carreras callejeras. Una de las redactoras más jóvenes mencionó que habían asesinado a un estudiante estadounidense de origen japonés durante el verano. «¿Quizá podríamos investigarlo —continuó— para ver si fue un delito de odio?». «Seguro que no fue un crimen de odio», dije. «¿Cómo podemos saber...?». La interrumpí. «No lo fue... Solo fue una putada que pasó».

Suponía que a Ken lo habían elegido por ser estudiante universitario, no por ser asiático. ¿Quizá sus asesinos consideraban ambas identidades igual de inofensivas? No obstante, lo que más me molestaba era que mi compañera hubiera intentado encuadrar la muerte de Ken en un contexto más amplio que escapaba a mi comprensión y control. No estaba dispuesto a cederlo a una causa mayor.

En octubre, Paraag, Sean y yo estábamos viendo el primer partido de la Serie Mundial en su piso. Los Yankees representaban a la Liga Estadounidense. Los Padres de San Diego, que el año anterior habían acabado últimos en su división, habían arrasado en la Liga Nacional y jugaban su primera Serie Mundial desde 1984. Me pregunté si aún tenía el artículo que Ken había escrito para mi fanzine sobre Wally Joyner y las virtudes de su no favorito Padres, el que yo había sido demasiado gilipollas para publicar.

De golpe, sentí que toda mi fe en un poder superior dependía del resultado de aquella serie. Pocos aficionados al béisbol imparciales creían que los Padres de Ken tuvieran alguna posibilidad. El primer partido se jugaba en el Bronx y los Padres ganaban por 5 a 2 al entrar en la parte baja de la séptima entrada. Ken tenía razón. Habían construido discretamente un buen equipo y por fin les iba bien.

Los Yankees se recuperaron en la séptima entrada y acabaron empatando 5-5. Con todas las bases ocupadas y dos hombres eliminados, Tino Martínez subió al plato para un lanzamiento de 2-2. Mark Langston, de los Padres, lanzó un directo por el medio. Bola. Las repeticiones a cámara lenta dejaron al árbitro en evidencia. Se había equivocado por completo.

De repente, la televisión de Paraag me pareció demasiado grande, apabullante. La cámara enfocó la cueva de los Padres, que no salían de su incredulidad, y después a los Yankees y sus hinchas presuntuosos y bravucones, un indicio de que la historia se repetía y todo aquello estaba predestinado. Odiaba a cada uno de esos hinchas. Quería que sufrieran.

Paraag conservaba una botella de Zima en su estantería, un santuario construido en torno a la última bebida que Ken y él ya no tendrían ocasión de compartir jamás. La miré. Era como un talismán, hasta que dejó de serlo. Martínez envió la siguiente bola a las gradas. Un *grand slam*.

Me permití considerar la posibilidad de que la providencia aún fuera real, solo que caprichosa; tal vez había llegado la hora de que otro equipo saboreara la victoria. Los Padres ya no se recuperaron; en ese momento, supimos que era inevitable que los Yankees ganaran la Serie Mundial. Quizá no hubiera justicia, solo azar, y todo lo que yo había dotado de significado —las moscas, la canción justa en la radio en un momento inesperado— fuera mera coincidencia.

Ese julio, un par de días después de que Ken muriera, un entrenador asistente del equipo de fútbol americano de nuestra universidad falleció en un extraño accidente. Estaba de acampada con un amigo cuando se desató una tormenta. El entrenador fue alcanzado por un rayo. Mientras su amigo intentaba reanimarlo, lo alcanzó otro. El hecho de que aquellas tragedias tan insólitas ocurrieran tan seguidas y se refirieran en páginas consecutivas del *The Daily Cal* hizo que nuestro mundo pareciera tremendamente enclaustrado y escalofriante.

Detuvieron a los asesinos de Ken enseguida. Los identificaron en cuanto los investigadores siguieron una serie de operaciones por cajero automático y con tarjeta de crédito en Berkeley, Oakland y Richmond. Los autores dijeron que habían elegido a su víctima al azar y que el móvil había sido el robo. Cuando un periodista lo abordó, el padre de Ken declaró que consideraba a su hijo «un héroe. Lo digo porque dio su vida, en vez de la de otra persona, quizá sin saberlo».

¿Y si me hubiera quedado en la fiesta? Una pregunta que no podía quitarme de la cabeza. ¿Habría servido de algo o todo estaba predestinado?

Nunca me preguntaba por qué lo habían hecho. Escapaba a mi comprensión. Un día, una estrella del equipo de baloncesto universitario pasó por delante de una protesta en defensa de la discriminación positiva organizada en el campus. Un periodista de *The Daily Cal* lo vio y le preguntó su opinión. El jugador no sabía por qué protestaban, pero dijo que se solidarizaba con la lucha. «Las cosas a veces son una mierda», respondió para salir del paso, y aquella frase se convirtió en una visión del mundo que yo escribía continuamente en mi diario. Era así de simple. «Las cosas a veces son una mierda».

Atribuir culpas parecía pertenecer a un mundo adulto lleno de formulismos. No obstante, recuerdo que durante el resto del año me sentí atraído por las noticias más escabrosas de la prensa. Quería conocer lo peor de la humanidad, comprender mayores grados de crueldad y pérdida. Aquel mismo verano, James Byrd Jr., un afroamericano de cuarenta y nueve años, regresaba a casa después de cenar en Jasper, una ciudad pequeña del este de Texas. Una camioneta tripulada por tres hombres se detuvo a su lado. Conocía al conductor, Shawn Berry, un joven blanco que se ofreció a llevarlo a casa. Byrd no reconoció a sus acompañantes.

Berry los llevó al bosque, donde sus amigos John William King y Lawrence Brewer dieron una paliza a Byrd, le pintaron la cara con espray y finalmente lo ataron a la parte trasera de la camioneta. Según el informe de la autopsia, Byrd aún estaba consciente cuando lo arrastraron por un campo. En algún momento, murió. Dejaron el cadáver delante de una iglesia y se fueron a una barbacoa. Los detuvieron pocos días después. King y Brewer estaban vinculados con grupos supremacistas blancos, pero la gente se preguntaba por qué había participado Berry. Parecía un buen chico, con un trabajo en el cine local. Más adelante, los habitantes de Jasper dijeron que nadie lo había visto venir.

Ese otoño, una de las grandes controversias del campus giró en torno a David Cash Jr., un estudiante de Berkeley que había sido testigo de cómo su amigo Jeremy Strohmeyer agredía a Sherrice Iverson, una niña afroamericana de siete años, en 1997, cuando aún iban al instituto. Cash y Strohmeyer estaban en un casino de Nevada cuando Strohmeyer siguió a Iverson al baño. Al parecer, cuando Cash entró y los vio, Strohmeyer estaba abusando sexualmente de la niña. Cash afirmaba que le había pedido que parara, pero que se había marchado cuando la situación se puso más violenta. Strohmeyer estranguló a Iverson y dejó su cadáver en el baño.

Condenaron a Strohmeyer, pero no pudieron presentar cargos contra Cash. Según la ley, no había sido cómplice del asesinato de la niña; solo había sido un «mal samaritano». Así es como acabó en Berkeley con el resto de estudiantes. La universidad no pudo hacer nada para revocar su admisión, pese a las protestas y peticiones estudiantiles exigiendo su expulsión. Lo que perturbaba a sus compañeros de clase no era únicamente que no hubiera hecho nada, sino su indiferencia. Cash decía que no tenía ningún remordimiento por lo ocurrido. De hecho, se lo citó diciendo que esperaba hacerse rico vendiendo su historia a los medios de comunicación. ¿Cómo podía sentirse mal por alguien que no conocía, fuera Iverson o, en sus propias palabras, «cualquier persona de Panamá o de África»? Un entrevistador de *60 Minutes* le preguntó si lamentaba algo de lo ocurrido esa noche. «No creo que haya mucho que pudiera haber hecho de otra manera», respondió.

En octubre de 1998, Matthew Shepard, un estudiante universitario de veintiún años, fue brutalmente asesinado por dos hombres que conoció en un bar de Laramie, Wyoming. Se ofrecieron a llevarlo a casa, pero, en cambio, lo llevaron a un descampado donde lo ataron a una alambrada y lo torturaron. Cuando llegó la policía, Shepard estaba vivo, pero en coma. Tenía la cara embadurnada de sangre, salvo por un rastro de lágrimas bajo los ojos. Los asesinos fueron detenidos unas horas más tarde después de pelearse con otros dos hombres. Negaron que el ataque a Shepard estuviera relacionado con su sexualidad, aunque, más adelante, uno de ellos intentó esgrimir el «pánico a la homosexualidad» como defensa, atribuyendo su ira incontrolable a los abusos sexuales sufridos de niño y a su propia homosexualidad reprimida.

Leía aquellas tragedias con mucha atención, pero no estaba más cerca de comprender la maldad humana. Me detenía en todos los pequeños momentos previos al desenlace: qué aspecto debía de tener el cielo justo antes de la ráfaga de rayos, el alivio que Byrd pudo sentir cuando le ofrecieron llevarlo a casa, cómo huele un casino lleno de humo a las cuatro de la madrugada. Inevitablemente, también pensaba en los últimos momentos de Ken. Qué debió de sentir encerrado en su propio maletero. ¿Estaba triste por las personas que ya no volvería a ver o centrado en escapar? Tratar de entender cómo aquellos momentos podían hilarse en un relato *a posteriori*, fuera en la mente de los autores o en las versiones presentadas por abogados o periodistas, era imposible.

Consultaba aquellos artículos para extraer enseñanzas —modelos de bondad, o su contrario—. Estudiaba las reacciones de padres y amigos, algunos clementes, otros volcados en una forma más vengativa de justicia. Un par de años después, la controversia por la pasividad de Cash dio lugar a una nueva ley que obligaba a los ciudadanos de Nevada a contactar con las autoridades si presenciaban una agresión a un menor. El caso se utilizó como ejemplo en las clases de Filosofía para debatir sobre nuestras obligaciones éticas y jurídicas como ciudadanos del mundo. Pero, en ese momento, era una fantasía de lo que haríamos si alguna vez veíamos a Cash en el campus. Su obstinado empeño en declararse inocente parecía indicar las insondables profundidades del mal.

Decidí que mi tesis trataría sobre las representaciones de la raza en las películas estadounidenses. Los primeros tiempos del séptimo arte, como a menudo comentaba en clase el profesor Rogin, habían estado marcados por las fantasías raciales, desde *El nacimiento de una nación* hasta *Lo que el viento se llevó*, pasando por *El cantante de jazz*. Durante gran parte de la historia de Estados Unidos, la jerarquía que privilegiaba a los blancos sobre todas las otras razas estaba cifrada en la ley. Y, si bien el fin de la segregación jurídica les trajo oportunidades a muchos, la lógica de la supremacía blanca siguió manifestándose de maneras encubiertas y casi invisibles. Aún había momentos de terror racial. Pero, en la época posterior al movimiento por los derechos civiles —con su mantra de que el color de la piel no importaba—, el racismo dejó de considerarse una realidad institucionalizada. Esa fue la gran mentira que legitimó todas las demás.

Pasaba mucho tiempo yendo y viniendo entre mi piso y un Blockbuster de mi calle. No alquilaba películas solo para verlas, le aclaraba a cualquiera que se molestara en preguntarme por la tesis, sino que exploraba la imaginación cinematográfica. Analizaba narrativas, no historias. Adoptaba el mismo enfoque que Ken y yo habíamos perfeccionado de indagar entre líneas en busca de mensajes, solo que ahora lo hacía a plena luz del día, como una actividad intelectual seria, no a altas horas de la noche.

Intentaba mantenerme siempre ocupado. En septiembre, Berkeley celebraba un congreso internacional sobre el complejo industrial carcelario, un concepto que era nuevo para muchos de nosotros. Angela Davis era una de las organizadoras. Cientos de activistas, académicos y artistas acudirían a la universidad para explorar la relación entre el auge de la construcción de cárceles, la militarización de la policía y la criminalización de las comunidades negra y latina. Me ofrecí para repartir folletos por la toda ciudad.

La mañana del congreso, otro voluntario se lamentó de que Tupac ya no estuviera entre nosotros porque seguro que no se habría perdido una ocasión como aquella. Yo pensé lo mismo de Ken, que siempre iba a las mismas mesas redondas que yo. Inscribí a los visitantes y acompañé a los ponentes a sus salas. Acabé en una para izquierdistas estadounidenses de origen asiático que hablaban de nuestro papel en aquella lucha. Uno de ellos empezó a criticar una ideología que se conocía como «neoliberalismo», lo que me confundió, porque no sabía qué significaba el término. Supuse que solo era una versión nueva y mejor del liberalismo, lo que no parecía tan malo. Repartieron folletos explicando las penurias de presos estadounidenses de origen asiático como Jay Siripongs, Yu Kikumura y David Wong. Empecé a escribirles cartas preguntándoles si podía entrevistarlos para mi fanzine.

En noviembre, vi un folleto sobre un programa para dar clases particulares a reclusos en la prisión estatal de San Quintín. Enseñar a adolescentes no se me daba demasiado bien; quizá me iría mejor con adultos. Mira y yo asistimos a una sesión informativa y, después de una comprobación de antecedentes penales, empezamos a ir juntos a la cárcel, que estaba a unos diez minutos en coche del Proyecto Juvenil del centro comunitario de Richmond, justo al otro lado de la bahía. Nuestra relación se había estancado. «Aprovechemos al máximo el tiempo que pasamos juntos», me dijo ese invierno.

Cada dos o tres semanas, le llevaba a Rogin un texto de diez páginas en el que analizaba las convenciones narrativas del imaginario cinematográfico estadounidense. Él me animaba a solicitar una plaza de posgrado en cualquier campo salvo Ciencias Políticas. Me sugirió la Universidad de Nueva York, que pasó a ser mi sueño. Hablaba constantemente de ir a Nueva York, momento en el que mi vida volvería a empezar. Mira decía que se alegraba por mí y rara vez me preguntaba cómo afectaría mi marcha a nuestra relación.

En San Quintín solo había tres reglas. Los guardias nos registraban las bolsas a la entrada y a la salida, por lo que solo podíamos llevar libros y periódicos autorizados. Teníamos prohibido ir de azul. Si lo hacíamos por error, los guardias nos daban un mono blanco. Todos los presos iban de azul y los vigilantes de las torres tenían que poder distinguirnos, por si acaso. Por último, no podíamos correr por el patio bajo ninguna circunstancia. Aquello también era para los vigilantes de las torres. Por lo demás, podíamos estrecharles la mano a nuestros alumnos, hablarles del mundo de fuera y sentarnos lo suficientemente cerca como para verles los dientes mellados, las viruelas, las partes que se habían dejado sin afeitar. Podíamos acercarnos para hablarles de sueños y pesadillas a media voz.

Los veíamos por las tardes. Me asignaron a Lefty y a Sean, que asistían los dos a una clase de Política estadounidense.

Lefty hablaba bajo y llevaba el bigote muy bien recortado. Parecía casi demasiado amable para su propio bien. «Solo tengo una pregunta —dijo un día—. ¿Cómo es ahora la pizza?». ¿Habíamos creado, como sociedad, ingredientes nuevos, formas nuevas? Se asombró mucho cuando le describí el concepto de pizza rellena y le repugnó la idea de tomarla de postre. Sean era bullicioso y ancho de espaldas. Sus gafas de montura dorada parecían parte de un disfraz. Decía pertenecer a una organización criminal muy famosa del área metropolitana de Boston de la que yo no sabía nada. Si alguna vez iba, me dijo, debía decírselo. Podía recomendarme sitios estupendos para comer.

Nuestra aula tenía una pizarra, mesas móviles, un ordenador y estanterías llenas de material de consulta. Empecé a trabajar con Jimmy, un puertorriqueño que siempre parecía ausente. Echaba de menos a su hija y quería estar en cualquier parte salvo allí.

Jimmy a menudo me hablaba de su infancia en Los Ángeles en los años setenta. Una vez, cuando era adolescente, se coló en un estudio de grabación de Hollywood. Se encontró con Stevie Wonder, que estaba trabajando en *Songs in the Key of Life*. El recuerdo —evocado cuando le expliqué que pasaba mucho tiempo en tiendas de discos— lo transportó. Me dijo que buscara el álbum. Muchas cosas cobrarían sentido después de escucharlo. Pero yo no estaba preparado para la música hermosa. «Quizá no me parezca bien la idea de armonía», le escribí a Ken al explicarle lo que me había contado Jimmy. «La simetría y la belleza duelen más estos días».

Más adelante, empecé a trabajar con Viet Mike —el apodo, «vietnamita», lo distinguía del otro Mike, que era negro—

y Eddy. Eddy era estadounidense de origen chino. No sabría decir si era de mi edad o diez años mayor. Tenía los pómulos marcados y ojos de detector de mentiras, la constitución fornida de una persona que pasaba muchos de sus ratos libres haciendo flexiones. Era callado y educado.

Nadie hablaba nunca de lo que había hecho para terminar allí y nosotros no debíamos preguntar. Eddy solo me dijo que había hecho algo de lo que se arrepentía y que estaba esforzándose por pagar su deuda. Después de que su familia llegara de China, su padre había trabajado en un Burger King. «Solo necesitaba saber tres cosas —dijo—. Lechuga, queso y mayonesa». Eddy estaba ocupado corriendo por las calles con sus amigos, viviendo sus fantasías de gánster Chow Yun-Fat. Esa noche, le escribí a Ken sobre una confidencia que Eddy me había hecho: «Nunca le había dicho a su padre que lo quería hasta que había ingresado en San Quintín, y tampoco había oído nunca esas palabras en boca de su padre. Sin embargo, al entrar en chirona se dio cuenta (en esa parte se pasó al chino) de que podía morir en cualquier momento».

Era imposible predecir cómo serían las tardes en San Quintín. Algunas veces, nos mandaban de vuelta a casa nada más llegar; los presos estaban confinados en sus celdas y no habría clase. Otras, llegábamos y nuestros alumnos tardaban unos minutos en acostumbrarse a nuestra presencia por algo que les había ocurrido durante la cena; no podíamos pasar de las meras cortesías. Aquellos momentos incómodos nos recordaban el contexto de nuestro encuentro. ¿Eran nuestros alumnos tan malvados como los actos más atroces que habían cometido? Una lectura sobre instituciones políticas se convertía en una extraña ensoñación sobre cómo eran antes. «Estudiaba arquitectura por las noches —me contó uno de mis alumnos—. Me encantaba colocarme. Tomar *speed* y sentarme a mirar los edificios. El autobús es nuestro mundo. Las ventanas, el pis, el vómito, cómo usamos sin ningún cuidado esto que existe para ayudarnos».

Al final de cada día, nos reuníamos en un patio para despedirnos. Era un momento apacible. Los uniformes azul oscuro de nuestros alumnos se disolvían en la oscuridad. En una ocasión le hablé a Eddy en chino y él me respondió en inglés. No pasaba nada por hacerlo en clase, susurró, pero a los guardias les incomodaba que habláramos en un idioma que no entendían.

Me sentí seguro; llevaba un tiempo sin sentirme así. Miré el cielo y pensé en el aspecto que tendría más tarde, esa noche, cuando estuviera fumando en mi balcón. «Tengo miedo», le escribí a Ken. Ya no sentía un «progreso lineal». El único progreso, continué, «ocurre sobre el papel, a medida que las palabras y líneas se acumulan», conforme los párrafos se convertían en páginas. «Quizá algún día no quede suficiente espacio en el disco».

Ese diciembre, volvió a llegar el día del amigo invisible laico por las vacaciones de invierno. Acordamos poner dinero y enviarles un regalo a los padres de Ken. Una exquisita tarta de queso, su postre favorito.

Mira regresó a Los Ángeles durante las vacaciones. Me dijo que no estaba segura de que nuestra relación aún funcionara. Ya no era feliz. Le rogué que se tomara unos días para pensarlo y le recordé todos los altibajos que habíamos superado juntos. ¿Había sido yo feliz alguna vez? No sabría decirlo. Decidimos que nos esforzaríamos más cuando retomáramos las clases en unas semanas.

Él habría cumplido veintiún años esa Nochebuena. Siempre se quejaba de que su cumpleaños no pareciera nunca especial porque todo el mundo estaba ya de celebración. Yo había regresado a Cupertino por Navidad. Conduje hasta un parque para fumarme un cigarrillo y después fui a un Safeway a comprar una caja de seis Newcastle Brown Ale e ingredientes para preparar una tarta de cumpleaños.

Soñé con Ken. Siempre que me ocurría, pasaba tan rápido que me despertaba llorando. Pero, en esa ocasión, seguí soñando un poco más de lo habitual. «He cambiado tanto desde... o, más bien, por...», le decía. Pero él me interrumpía y se limitaba a sonreír. «Lo sé», respondía. Incluso conseguía que reconociera que había ido a comprar un cedé de Pearl Jam en su ausencia. Me desperté con una sonrisa en los labios.

Una vez le conté a Eddy lo que había sucedido. Jamás se me había pasado conscientemente por la cabeza que hubiera ido a San Quintín en busca de algo, que los asesinos pudieran estar allí dentro, en alguna parte. Eddy me escuchó con atención y sacudió la cabeza. Era una verdadera lástima. Me recordó que él y los otros presos del programa universitario estaban, en su mayoría, arrepentidos de su pasado. Pero eso no describía a todos los reclusos.

Cuanto más sabíamos de la noche en la que Ken había muerto, más azaroso e improbable nos parecía todo. Sus asesinos habían dejado un rastro de pistas evidentes y su dejadez general nos parecía cruel. Si íbamos a perderlo, que fuera a manos de un cerebro criminal, de alguien que mereciera toda la fuerza de nuestro odio.

La lectura de los cargos fue en abril. Los padres de Ken acudieron desde San Diego. Yo fui con Alec, Sammi, Gwen y otros amigos. Cuando entramos en el palacio de justicia, a Alec lo llevaron por la puerta equivocada y estuvo a solo unos palmos de uno de los asesinos de Ken. Reviviría aquel momento durante años, tejiendo desquiciadas fantasías de venganza de mil maneras distintas. Entramos en la sala y nos sentamos al fondo. Los acusados parecían ausentes y mustios cuando los hicieron pasar. El hombre era menudo, con un descuidado peinado afro y la mirada perdida. Su novia parecía llevar semanas sin dormir. Vestían holgados uniformes beis. Era increíble que tuvieran el poder de quitar una vida. El que había apretado el gatillo parecía más bajo que yo. El juez leyó los cargos con burocrática monotonía. Toda la vista duró unos minutos. El tribunal volvería a reunirse en unos meses. El periódico local refirió que un familiar de uno de los acusados había empezado a disculparse con los padres de Ken en el aparcamiento del palacio de justicia.

La lectura de cargos tuvo lugar la misma semana que la masacre de Columbine. Recuerdo haber leído toda clase de artículos intentando comprender por qué lo habían hecho los asesinos de Columbine, repasando sus movimientos, tratando de identificar en qué momento se les había torcido todo. ¿Era culpa de los videojuegos, de Hollywood, del acoso escolar? Pero no entendía por qué había que concederles el privilegio de contar su historia. Estaba más centrado en las vidas que habían segado.

Un periodista visitó el bloque de pisos donde vivían los presuntos asesinos de Ken. Jamás se me había ocurrido recabar más información sobre ellos. No me enteré de que eran más o menos de nuestra edad hasta que lo leí más adelante. Tenían veintitrés y diecinueve años. Alec y yo nos preguntábamos si los condenarían a muerte. Si yo continuaba siendo contrario a la pena capital. En mi diario, me pregunté si la muerte era peor que saber que «afuera el mundo continúa».

Cuando el periodista preguntó por la pareja a los vecinos del bloque, muchos expresaron sorpresa. Su casero recordaba a un joven al que le encantaba la música rap e ir a misa los domingos. Iba a matricularse en una politécnica e insistía a los vecinos en que debían asegurarse de que nunca entraran a vivir «malos elementos» en el edificio. «En mi trato con él, siempre fue amable y educado —explicó el casero—. Me caía muy bien».

Recuerdo una de las últimas veces que fui a San Quintín. Era primavera, unas semanas después de que The Roots sacaran *Things Fall Apart*. Mira y yo fuimos juntos, aunque ella había roto conmigo hacía poco. Se había cansado de mi taciturna negatividad, de que mi futuro en Nueva York me interesara más que mi presente con ella. Yo estaba triste, aunque sabía que ella tenía razón. Era una sanguijuela; necesitaba consuelo y estabilidad y no daba nada a cambio. No había ningún gran engaño, solo una relación que había llegado a su fin. Seguíamos dedicados al periódico estudiantil y a nuestro trabajo en la cárcel, de manera que hacíamos todo lo posible por continuar siendo amigos.

Al cruzar el puente, un rayo de luz se abrió paso entre las nubes: la cárcel pareció resplandecer con reflejos iridiscentes. Era la clase de escena que llevaba meses deseando ver, una señal de que la belleza aún era posible. Quizá no fuera más que un cambio en la disposición de las nubes. Pero lo había visto.

Unas semanas antes había colado una cinta de mezclas en San Quintín y se la había pasado a Mike (el negro), que me había dicho que la compartiría con los demás. Public Enemy, Bad Brains, Sly & the Family Stone, tormentosas composiciones de Max Roach y Charles Mingus que había descubierto hacía poco en los pasillos de Amoeba dedicados al jazz. Mike me dijo que había escuchado la cinta. Sonrió. «Es muy... —Hizo una pausa—. La música es muy dura». Jamás me había fijado en sus ojos verdes ni en la tersura de sus mejillas pecosas cuando sonreía.

Mis alumnos y yo nos dimos las direcciones. Uno me conmovió dándome un caramelo de menta que se había guardado de la cena. Me dijo que lo había ayudado a sentirse otra vez persona. Eddy me entregó un sobre con mi nombre escrito en bonita letra ligada. Dentro había una pulsera de cuentecitas verdes y amarillas que había hecho para mí.

«Se me hace un poco duro no tenerte por aquí». Era un verso de «I'll Be Missing You», una canción que Puff Daddy, Faith Evans y 112 sacaron en 1997 en homenaje a Notorious B.I.G., que había sido asesinado a tiros en un cruce de calles de Los Ángeles ese mismo año. No paraba de repetirlo para mis adentros. Puff era la viva imagen de la apariencia y la superficialidad, y la canción era cursi y asfixiante. Pero eso era lo que me atraía. La extraña vaguedad de «un poco», el eufemismo de «por aquí». Su estilo vocal, entre cantado y hablado, y sus raps susurrados. Puff, tan exagerado e imponente, humanizado y vulnerable. Faith, que conocía a Biggie de una manera más íntima que Puff, intentando sobreponerse a su dolor. Llegó a parecerme que la habían compuesto para mí, aunque claramente no era así. Solo quería escuchar canciones como esas y el hiphop estaba lleno de amigos que conspiraban e intrigaban, que se halagaban y complementaban, que conquistaban el mundo juntos y cargaban con el peso del otro.

«I'll Be Missing You» planteaba una serie de preguntas y posibilidades sobre las que reflexionar. ¿Realmente lo daría todo Puff, como decía la canción, para que Biggie regresara? ¿Qué significaba representar el legado de otro, llevarlo con nosotros en nuestra aventura? ¿Acabaría siendo sustituido por el personaje que habíamos inventado como tributo? Quizá Puff solo quería tenerlo cerca hasta que supiera cómo llorar su pérdida. Tenerlo cerca, vivo en la memoria, hasta que estuviera listo para seguir adelante, solo. No tanto devolviéndolo a la vida como cantando acompañado de su recuerdo.

El profesor Rogin estaba contento con mi tesis, quizá porque toda ella era un intento de imitar su estilo. Las audaces yuxtaposiciones, el ritmo frenético, las fintas retóricas, las conclusiones vehementes y apocalípticas. Él me había enseñado una relación distinta con la cultura. Hasta entonces, nunca me había interesado por el pasado remoto. No obstante, ahora reconocía que la historia podía utilizarse para los propios fines. Mi tesis era básicamente una colección de largas reseñas que analizaban la manera en la que películas recientes como *Una mala jugada*, *Hora punta* o *Señales de humo* abordaban el tema de la raza. Aunque la dominación racial continuaba siendo ineludible, aquellas películas permitían refugiarse en la imaginación, en la fuerza de la voluntad, en la amistad y la lucha compartida. La tesis era una evasión además de un tributo, una manera de prolongar una serie de conversaciones inacabadas. Lo había hecho todo a fin de tener una razón para redactar mis agradecimientos. Le di las gracias a Ken y recuerdo haberme sentido como si volviera a ser real mientras escribía su nombre completo. Acaricié la idea de que la película *El gatuperio de Barry Gordy*, aún a medias, representara algún día muchas de las ideas críticas de mi trabajo.

«Hoy he sido feliz —escribí esa primavera en mi diario—. Me refiero a feliz de mentira, a esa agradable sensación de vértigo despreocupado». El motivo de mi alegría era una jugada impecable durante un partido del equipo universitario de baloncesto. «Ojalá puedas leer esto. No me importa si ves a través de mí —escribí, confesando una lista de imperfecciones e inseguridades—. Siempre y cuando me veas».

Me encontraba en una tienda de discos de San Francisco, un año después de que Ken muriera. El dueño estaba organizando las novedades cuando sonrió con aire interesante y me enseñó el disco de la banda sonora de *El último dragón*. «¿Te acuerdas?».

Le escruté la cara en busca de alguna pista. No era un disco difícil de encontrar, aunque yo no lo hubiera visto hasta entonces. Lo miré sin decir nada, esperando oír la risa de Ken. «Era una película de los ochenta», observó, poniéndole el precio y volviendo a dejarlo en la caja. «La conozco», dije por fin, y empecé a intentar explicarle lo extraño que era ver ese elepé justo ese día. Le hablé de mi amigo, de la vez que nos quedamos despiertos hasta altas horas de la noche viendo *El último dragón*, de nuestra convicción de que Bruce LeeRoy arrojaba luz sobre misterios más hondos relacionados con la raza, Estados Unidos, nosotros mismos. «Lo estaba buscando...», continué, y él lo añadió a mi montón y me dijo que podía llevármelo gratis.

Esa noche me quedé despierto hasta el amanecer trabajando en un número de mi fanzine. «Hace un año, en este preciso momento, volvía a casa de una *rave*», escribí en la primera página. Había reseñas de discos y breves reflexiones sobre la identidad, un escrito de Eddy acerca de la vida en San Quintín, fragmentos de un trabajo mío de clase sobre rituales indígenas de intercambio de regalos y sobre la «reciprocidad diferida» que daba sentido a los grafitis. Por fin publiqué el artículo de Ken sobre Wally Joyner y los Padres. En la última página, relaté esa noche, tachando su nombre cada vez que aparecía. «Una vergüenza que siempre lamentaré no haber pasado —escribí, imaginando lo que podría haber ocurrido si hubiéramos ido a bailar *swing*—. XXXX se habría partido de risa».

Poco antes de terminar cuarto, empecé a salir con Joie. Hay personas que intentan animarnos cuando estamos tristes y otras que tratan de acompañarnos allí donde estemos. Su instinto siempre fue seguirme cuando caía.

También estudiaba Ciencias Políticas, aunque nunca habíamos coincidido en clase. Me cautivaba su manera de moverse por el mundo, empapándose de todo lo que la rodeaba, llevando el cuerpo con propósito e intención, lo que yo atribuía a su formación en danza. Tenía el pelo voluminoso y rizado, como una aureola. Quería perderme dentro de ella.

Joie me escuchaba mientras le contaba historias sobre Ken; había leído la noticia en el periódico universitario, pero no lo conocía. Le conté hasta el detalle más trivial de él. Ella me habló de su familia, de sus dificultades después de marcharse de Corea, de la tribu de mujeres invencibles de la que formaba parte. Era de San José, que no estaba muy lejos de donde me había criado yo. Pero, a diferencia de mí, había tenido que luchar por todo lo que había logrado. Ahora, también ella soñaba con estudiar un posgrado en Nueva York. Quizá acabáramos allí juntos.

Jamás había estado con una persona con tanta pasión por la vida, con tal aprecio por sus momentos más exultantes, así como por sus horas más negras. Tampoco había probado las drogas. Ella me enseñó pacientemente a usar una pipa de agua, después de lo cual supe que algún día sería una profesora brillante y motivadora. No sabía que liarle un porro a otra persona pudiera transmitir tanta compasión y afecto. Me hacía sentir como si pudiera entender cosas imposibles.

Joie entró en la Universidad de Nueva York, pero yo no. Acabé yendo a Harvard. Boston había sido el sueño de Ken, no el mío. En teoría, iba a estudiar todos los pilares de la historia y literatura estadounidenses que había ignorado hasta poco antes de graduarme. Seguía sin darles importancia. Cambridge no era Berkeley y había ciertas tonalidades doradas y anaranjadas que echaba muchísimo de menos. En vez de estudiar, buscaba nombres de muertos en internet. En vez de redactar trabajos académicos, me quedaba despierto hasta el amanecer intentando describir una línea de graves o un efecto de sintetizador («como los gases de escape de un avión»), no porque me fascinara el sonido en sí, sino porque necesitaba perfeccionar mis habilidades descriptivas. Pasé la mayor parte de mi primer año en Harvard esperando los viajes en autobús para visitar a Joie en Nueva York.

Estaba en una fiesta en Williamsburg, unas semanas después del 11-S, cuando las noches neoyorquinas aún eran una mezcla de malos olores y euforia desesperada. Sammi había regresado a Nueva York y Gwen había ido a visitarla. Yo estaba sentado en la cama de Sammi, liándome un porro, y Gwen me preguntó: ¿tan amigos erais Ken y tú?

Aún no estábamos colocados y quizá, en unos minutos, aquella conversación no tendría ninguna importancia. Pero me entró pánico. No supe qué decir. Recordé la intensidad del sufrimiento de Gwen durante nuestro último año en Berkeley y lo difícil que se volvió hablar de nada más y, a la larga, de nada en absoluto. Lo extraño que fue que ella tuviera que seguir viviendo en el Rapa-Nui durante el resto del año. Para Gwen, él era «Kenny». Compartían una intimidad exclusiva de la amistad entre un hombre y una mujer jóvenes. Yo sabía que Ken era una persona tierna y vulnerable, pero ella comprendía aquellas cualidades de una manera que yo jamás podría.

Tal vez recordaba mal muchos de nuestros momentos compartidos. O una pequeña cosa se había repetido tan a menudo en mi cabeza que había pasado a recordarla como algo cotidiano. Sabía que Gwen se equivocaba, que nuestra amistad se había desarrollado en la intimidad, en balcones, en coches, caminando en busca de una pizza. Pero ¿cómo podía estar seguro?

Todos los demás acabaron durmiéndose. Yo me quedé mirando el entramado de tuberías a la vista del techo, algo que rara vez se veía en California, un periodo de mi vida que, de repente, parecía pertenecer a un pasado remoto. Lo que Gwen había dicho había empañado mis recuerdos, mi capacidad para contar una historia sobre mí mismo. Quizá Ken se había cansado de mí y se lo había comentado.

Me pasé la mayor parte del posgrado comprando libros y discos de segunda mano, ropa usada y revistas antiguas. Redacté un trabajo sobre un ensayo del filósofo Walter Benjamin acerca del aura que desprende una obra de arte. Somos conscientes de la singularidad de un determinado cuadro; podemos situarlo en un tiempo y lugar. Siempre tenemos presente su procedencia, no solo que la mano del pintor lo creó años atrás, sino que el propio cuadro ha pasado por más manos a lo largo del tiempo y ha sido contemplado por una serie de diversos propietarios. Esa parte, más que el convencimiento de Benjamin de que todo aquello estaba relacionado con el fascismo, caló en mí. Cuando rebuscaba entre viejos objetos antiguos, creía estar tropezándome con una versión menor, probablemente degradada, del aura, conectándome con algún oyente o lector anónimo del pasado. ¿Cómo había escuchado aquella pieza musical? Inspeccionaba los surcos: ¿qué canción había puesto más que otras? ¿Por qué había subrayado esta frase y no aquella?

Siempre estaba pensando en el pasado, persiguiendo recuerdos y sueños rotos de otras personas. El aspecto que más me gustaba de mis trabajos académicos era documentarme, husmear en cajas de archivos viejos, buscar maneras de acceder a una comprensión más profunda del arte de alguien. Me fascinaban la clase de historias que podían narrarse con los objetos que una persona dejaba tras de sí. Un folleto de un yate encontrado entre los documentos personales de un novelista experimental poco conocido. ¿Era ese su verdadero sueño, o material para una sátira, una muestra etnográfica de lo que codiciaban las personas normales?

A Joie y a mí los estudios de posgrado nos resultaban desconcertantes. Nos costaba hacernos a la idea de que habíamos iniciado un proceso que nos llevaría siete u ocho años. ¿Seguiríamos viajando entre Boston y Nueva York durante tanto tiempo? Vivíamos para los placeres inmediatos: las hamburguesas y el whisky, el sexo y las drogas, bullentes ollas de estofado de kimchi, vomitar en las aceras, la emocionante sensación de triunfo cuando por fin parábamos un taxi a la salida de la discoteca. Yo seguía estudiando porque era como estar en una especie de punto muerto, flotando a la deriva hacia un futuro incierto. Pero el pasado de Joie seguía allí. Siempre que me hablaba de su familia, de sus traumas, nunca me lo contaba todo. Desde el principio, me había dicho que jamás llegaría a entenderlo. Estábamos en ciudades nuevas, perdiéndonos en nuevos excesos, encontrando el camino a azoteas más altas, contemplando un color distinto de amanecer. Pero huíamos de cosas distintas. Yo no enviaba a casa parte de nuestro sueldo de posgraduados para ayudar a mi madre.

Unos meses después de empezar el posgrado, tomamos éxtasis a orillas del río Charles —una alternativa a una conversación seria sobre el futuro—. Mejor centrarnos en el presente, al menos de momento. Al principio no ocurrió nada. «Las drogas no hacen efecto», bromeé; era el título de una canción de The Verve que me había gustado en la universidad.

Pero entonces miré el río y ya no era un río. No había agua, solo una interminable sucesión de canicas plateadas que rodaban a cámara lenta. Me reí y mi cuerpo se expandió hasta los confines del universo. Todas las sensaciones perduraban y se dilataban sin fin; no había frontera entre nuestra piel y la humedad de Cambridge. Las drogas habían hecho efecto.

Ya no escuchaba nunca a The Verve. Su música me recordaba el otoño de 1997, cuando Ken, Sean, Ben y yo poníamos sus cedés mientras nos colábamos en salas de chat de fachas. Pero recordar el título de la canción me trajo a la memoria un verso sobre «un gato en una bolsa/esperando a ahogarse» que siempre me hacía pensar en los últimos momentos de Ken, atrapado en el maletero de su coche. Me estaba dejando arrastrar por aquel recuerdo. Masqué el chicle más y más rápido. Probé a mirar directamente al sol para vaciar la mente.

Regresamos a mi habitación. Pasamos un rato tumbados en mi cama individual sin hablar, incapaces de movernos. La habitación palpitaba con cada respiración. Joie se levantó y echó a andar hacia mi equipo de música, que estaba a menos de dos metros de la cama. Pareció que tardaba una hora en llegar. Ojeó mis cedés. «Hagas lo que hagas —le dije—, por favor, no pongas "Las drogas no hacen efecto"». En ese momento, no podría soportarlo. Me miró desde el otro lado de la habitación y después contempló su reflejo en el cedé. Cuando apretó el botón, volvió a mirarme, abatida y desamparada, como si no pudiera evitarlo.

Pasé días sin poder despojarme de un sentimiento de desesperanza, asustado de que la confluencia de un recuerdo, una canción y una persona pudiera hacerme sentir así. Aún creía que los momentos de bajón eran el precio que había que pagar por volver a tener aquella clase de subidones. Pero a Joie le costaba imaginarse un futuro juntos, al menos uno que satisficiera los valores conformistas de clase media de los que yo era producto. Teníamos un diario que escribíamos juntos y nos lo pasábamos cada vez que nos veíamos, confiándole al otro las penas y miedos más profundos, escribiendo cosas que eran demasiado difíciles de decir, entrelazando nuestras respectivas razones para estar tristes, intentando en vano crear una historia común sobre el papel, hasta que ya no fue posible.

Por la noche, cuando necesitaba distraerme de los estudios, vaciaba el sobre acolchado en el que guardaba diversas cosas relacionadas con Ken. Un paquete de Export As al que le quedaban dos cigarrillos. El programa del funeral. Itinerarios, una tarjeta de embarque, un mapa de San Diego. Remates de chistes escritos en servilletas. Algunas páginas de *El gatuperio de Barry Gordy*, la copia de una carta que había enviado a los padres de Ken, cintas de casete. El recibo de una suscripción a un diario, una camisa negra y un pantalón de rayas finas.

Un ejemplar de tapa blanda de *¿Qué es la historia?* de Edward Hallett Carr con la pegatina de usado en el lomo. Estábamos comprándonos los libros de texto cuando Ken lo vio asignado a otra clase. Parecía bastante provocador, así que lo metió en su carrito. Lo recuerdo leyéndolo esa noche en vez de lo que le había mandado su profesor. Me lo dio cuando terminó: «Te gustará». Leí la descripción de la contraportada. «Son todo cosas básicas, ¿no?», le dije. Hice pasar por mío un comentario sobre Hegel que le había oído a otra persona. «Ya las sabemos, ¿no?». La historia es un relato que contamos, no una descripción fiel de la realidad, continué. Solo tenemos que decidir si nos fiamos del narrador.

Dejó el libro en mi piso, por si alguna vez me dignaba a leerlo. Carr publicó *¿Qué es la historia?* en 1961. Ejerció de diplomático durante muchos años antes hacerse profesor universitario y escribir varias obras influyentes sobre relaciones internacionales. *¿Qué es la historia?* comenzó como una serie de ponencias que dio en Cambridge. «Cuando intentamos responder a la pregunta "¿Qué es la historia?", nuestra respuesta, consciente o inconscientemente, refleja nuestra propia posición en el tiempo», así como el futuro que esperamos ver. Carr creía que había que tomarse las palabras del historiador con cierto escepticismo. Los hechos del pasado son irrefutables en su mayor parte: en qué día sucedió un acontecimiento, los firmantes de un tratado, quiénes estaban en el batallón cuando empezó el asedio. No obstante, la manera de ordenarlos sugiere «un diálogo interminable entre el presente y el pasado».

El relato que construimos a partir de esos hechos no es definitivo. Las fuerzas que impulsan la historia, las intenciones y motivos, las argucias y engaños, gran parte de ello es fruto de la interpretación. «Ningún documento puede decirnos más que lo que pensó el autor del documento: lo que pensó que había ocurrido, lo que pensó que debía ocurrir o debiera de haber ocurrido, o quizá tan solo aquello que él mismo pensaba que pensaba. Nada de ello significa cosa alguna hasta que el historiador lo trabaja y descifra». Con el tiempo, las opiniones del historiador adquieren la apariencia de una verdad empírica irrefutable. Para comprender el pasado, debemos tener en cuenta las dificultades del propio historiador, la manera en la que pasado, presente y futuro permanecen siempre «vinculados en la interminable cadena de la historia».

Cuando por fin abrí el libro años más tarde en mi piso de Boston, me di cuenta de que Ken lo había leído a fondo, subrayando los pasajes que lo conmovían, tomando apuntes y escribiendo respuestas en los márgenes.

Más tarde aún, cuando la vulnerabilidad del cansancio extremo hacía su aparición, intentaba volcar sobre el papel escenas de nuestro pasado. Me costaba describir las cosas sencillas, como la áspera música de su risa, la mirada divertida que me lanzaba justo antes de enredarme para que me contradijera. No recordaba su estatura, si llevaba zapatos de cordones o botas. Cuanto más escribía sobre Ken, más se convertía en otra persona.

Aún me sentía fatal por haberme marchado temprano esa noche. Pero ahora ese malestar se desplazaba a otros lugares, hacia la posibilidad de estar contando una historia que halagaba al narrador imponiendo belleza e intención a cada recuerdo aislado. La conciencia de que lo analizaba todo buscándole un sentido, cuando los ritmos espontáneos de la amistad rara vez justificaban esa clase de escrutinio. La vergüenza cada vez más honda por haberme preguntado una vez si pensó en nosotros en sus últimos momentos, como si hubiera podido siquiera pensar. Cuando lo único cierto era que las cosas a veces son una mierda.

Buscaba a Ken en la red, aunque hubiera dejado de generar contenidos años atrás y la versión de internet que habíamos utilizado en nuestra adolescencia hubiera desaparecido hacía tiempo. Por aquel entonces, los navegadores eran meros directorios, en vez de capas de conocimientos sedimentados, preferencias, pulsaciones de teclas analizadas para extraer datos. El atractivo de internet residía en que era efímera y laberíntica, una red que se disolvía, más que una red física. Una serie de agujeros de gusano que no estaban conectados entre sí.

Quería averiguar si alguien había mantenido vivo su nombre. Al principio, encontré artículos de periódicos locales que informaban sobre el juicio, anuncios de su parroquia sobre la beca creada en su honor. Pero cada vez desaparecían más fragmentos de su pasado, desplazados por los resultados que preferían los algoritmos. Empezaron a salirme más personas con su nombre. Un politólogo en Japón. Un tipo con una empresa emergente. Nuestra generación no había dejado una huella lo suficientemente profunda. Leí que sus padres habían seguido aportando dinero al fondo de exalumnos de Berkeley, aunque su hijo jamás hubiera tenido oportunidad de graduarse. En cambio, Ken pasó a ser un dato en un artículo del *Daily Cal* sobre la violencia en Berkeley, una manera de relacionar la toma de rehenes de principios de los noventa en Henry's con el extraño apuñalamiento de un estudiante de Ingeniería en 2008. Aportaba contexto.

Jamás buscaba a los autores de su asesinato. No obstante, una noche mis búsquedas me llevaron a un sitio web de personas que intentaban borrar sus antecedentes penales por conducir bajo los efectos del alcohol. Parecía un vestigio de la internet antigua, donde las páginas estaban llenas de texto de relleno. La empresa había adquirido miles de páginas de documentos legales y estaba utilizándolas para crear una base de datos aparentemente inútil.

El sitio web incluía un recurso presentado por uno de los asesinos. Era otra versión de una historia que había representado en mi mente incontables veces, pero nunca desde la otra perspectiva.

La noche del 18 de julio de 1998, decía el texto, Kenneth I. organizó una fiesta para inaugurar su piso en el Rapa-Nui, un edificio situado en la esquina de Channing y Fulton.

Mientras la fiesta arrancaba en casa de I., una joven pareja de Vallejo cogió un tren BART a Berkeley. En la estación conocieron a un hombre unos veinte años mayor que ellos. Les habló de una fiesta cerca del campus. Se acercaron a echar un vistazo, pero aún era temprano y solo había unas pocas personas alternando en un balcón. De manera que se fueron los tres al cine. Después, exploraron Berkeley. Los dos hombres iban delante de la mujer, que no oyó de lo que hablaban.

Hacia las tres de la madrugada, regresaron a la fiesta. El hombre mayor se escondió en la esquina, mientras la pareja esperaba en el garaje. Cuando I. bajó por la escalera, el hombre le apuntó con una pistola. Le ordenó abrir el maletero de su coche y meterse dentro. Le quitaron los zapatos. La mujer condujo el Civic de 1991 de I. hasta el lugar donde esperaba el hombre mayor. Él le cogió las llaves y se sentó al volante. En un determinado momento, la policía se colocó junto a ellos, pero después los adelantó. El hombre mayor paró. Se había asustado y le pidió a la mujer que condujera ella. Al cabo de unos minutos, volvieron a cambiarse, después de que su novio se quejara de su manera de conducir.

Terminaron en unos almacenes al norte de Berkeley. Los hombres sacaron a I. del maletero. Se ausentaron unos cinco minutos. El hombre más joven volvió a meter a I. en el maletero y condujeron hasta un cajero automático, donde retiraron trescientos dólares. Mientras la mujer esperaba, oyó la voz apagada de I. Preguntaba si podían devolverle los zapatos. No le respondió.

Luego, fueron a una gasolinera, donde los dos hombres se bajaron y hablaron. El hombre mayor se marchó. La joven pareja condujo hasta Vallejo, donde acabaron en un solar vacío de la calle York. La mujer vio cómo su novio sacaba a I. del maletero. Apartó la mirada cuando ambos se adentraron unos pocos pasos en un callejón. Oyó dos disparos. Su novio regresó.

Se marcharon, sin hablar de lo que acababa de ocurrir. Aparcaron el coche de I. en el césped delante de su piso.

Un pescador encontró el cadáver de I. a las 5.30 de la madrugada, no mucho después de que le hubieran disparado.

Ese domingo, día 19, la pareja fue al centro comercial con unos amigos, donde se gastaron un par de miles de dólares en compras que cargaron a la tarjeta de crédito de I. Les dijeron a sus amigos que la noche había sido movida. Que habían tenido que hacer de Bonnie y Clyde con alguien. Esa persona ya no estaba. Había suplicado por su vida.

La policía vigiló el piso de la joven pareja y, tras entregarles una orden de registro, encontraron las pertenencias de I., así como el arma homicida. También detuvieron al hombre mayor. En un determinado momento, en el informe preliminar, un agente preguntaba a los acusados por «el chico asiático», y tardé un momento en darme cuenta de que se refería a Ken.

Parece ser que la mujer apenas mostró remordimiento en ese momento o en los días posteriores. Las autoridades la espiaron mientras hablaba por teléfono con sus amigas, manteniendo su inocencia, preocupada por cómo llevaba las uñas. Más adelante sostuvo que su novio estaba raro esa noche. Siempre había sido muy tranquilo. Dijo que lo había oído rapear canciones violentas, pero que él no era así. Estaba asustada por todo lo que le había visto hacer. No se había tomado la medicación, añadió, sin entrar en detalles. Eso la había preocupado. No podía saber qué le pasaba por la cabeza.

Un par de años después del asesinato de Ken, estaba sentado en las escaleras de la plaza Sproul, bañadas por la luz de la luna, con Alec, que trabajaba en un bar de Berkeley. ¿Cuánto de nuestra confusión vital era la normal de cualquier estudiante de posgrado y cuánto se debía a la manera en la que nuestras vidas se habían recalibrado en torno a aquellas nuevas escalas de miedo y pérdida? Por las noches, cuando regresaba a casa después del trabajo, Alec llevaba un machete en la mochila. Nos recostamos y miramos el cielo, y él habló de lo agotado que estaba. Teníamos veintidós años, quizá veintitrés. Yo había regresado al Área de la Bahía de San Francisco durante las vacaciones. «Dos años después (casi) tiene sentido —escribí esa noche—, aunque, sin darnos cuenta, ha pasado a formar parte de todo lo que hacemos. Los dos hemos coincidido en que lo más duro vendrá más adelante, dentro de años, quizá una década».

Edward Hallett Carr esperaba que su libro *¿Qué es la historia?* ayudara a arrojar luz sobre un posible camino futuro. Murió en 1982, seis años antes de que naciera su bisnieta, Helen. Ella también se hizo historiadora y mantuvo durante toda su vida un «diálogo imaginario» con su bisabuelo sobre la naturaleza de su labor.

Siempre sentía a Ken a mi lado cuando leía *¿Qué es la historia?* Imaginaba los momentos en los que estaríamos de acuerdo, las partes en las que su sentido práctico del mundo chocaría con mi radicalismo inconformista. Me alegraba cuando veía subrayados los mismos pasajes que habría resaltado yo, no las ideas fundamentales obvias, sino las pícaras divagaciones de Carr. Algunas de aquellas frases parecían conectar planos distintos. «Solo el futuro puede darnos la clave de la interpretación del pasado; y solo en este sentido nos es dado hablar de una objetividad básica en la historia. Es a la vez explicación y justificación de la historia que el pasado ilumine nuestra comprensión del futuro, y que el futuro arroje luz sobre el pasado». Estábamos en los extremos opuestos del pensamiento de Carr, Ken en el pasado, yo en el futuro.

Un pasaje subrayado sobre el papel del accidente en la historia nos había cautivado a los dos. «Nada es inevitable en la historia, salvo en el sentido formal de que, de haber ocurrido de otro modo, hubiera sido porque las causas antecedentes eran necesariamente otras». Pensamos en las diversas opciones e identificamos los pasos en falso, cuando, en realidad, esos caminos alternativos jamás estuvieron abiertos. Lo que pasa, pasa sin más, e idealizar todo lo que no ha sucedido nos lleva a otro lugar: no a la historia, sino a la fe. No nos ayuda a comprender el futuro, sino solo nuestro vínculo con el pasado. «Como historiador, estoy perfectamente dispuesto a renunciar a los términos de "inevitable", "indefectible", "inexorable" y aun "ineludible". La vida resultará más monótona. Pero dejemos que poetas y metafísicos hagan de ellas [las causas antecedentes] su patrimonio exclusivo».

Quizá no todo sea una pista. Durante un tiempo, quise saber qué película habían visto esa noche, qué canciones le gustaba rapear a su asesino, qué otras fiestas había en Berkeley ese sábado, si sonó música en el coche de Ken cuando lo arrancaron, qué compraron al día siguiente. Todos aquellos hechos minúsculos y conocibles, pero que jamás podrían explicar sus motivos para hacerlo. Ningún contexto justificaba sus actos como «inevitables» o «indefectibles».

No obstante, escarbar en aquellos pequeños momentos del pasado era una manera de resistirse al futuro. En la última página del libro, Carr se dirige a sus colegas de profesión y aborda sus intentos de convertir la historia en una especie de ciencia. Vuelve «la mirada a la calle, sobre un mundo en tumulto y un mundo a la obra». De algún modo, sigue siendo optimista. No se puede ser de otra manera. La única constante en esta vida, en esta obra, es el paso del tiempo y, con él, el cambio. «Y, sin embargo —escribe Carr, citando a Galileo y contemplando nuestro mundo—, se mueve». Debajo de las últimas frases del libro hay otras dos palabras. Reconozco la letra apretada, la tinta roja corrida de su bolígrafo, pero no logro descifrar lo que ha escrito Ken.

Una vez, fui a visitar a Ken a su trabajo en Nordstrom. Solía contarme anécdotas sobre cómo era vender zapatos para niños, los distintos tipos de familias que acudían, de cuáles tenía que estar pendiente, las prepotentes a las que trataba con hermético laconismo. Las prisas justo antes de la graduación y la posterior avalancha de tímidas devoluciones justo después. Aquellas personas no me parecían nada interesantes —eran demasiado mayores y demasiado jóvenes—, por lo que tampoco me interesaban las anécdotas. Pero lo escuchaba con educación.

Un día que estaba en San Francisco le dije que podía pasar a buscarlo y así volvíamos juntos en el tren BART. Por principios, jamás compraba en grandes almacenes ni centros comerciales. No tenía la menor idea de que la sección de zapatos de niño no estaba simplemente al lado de la de adultos y me perdí. Ya iba con retraso; no me daba tiempo a buscar un teléfono público para llamarlo al busca.

Cuando por fin encontré la sección infantil, vi los zapatos, pero no a Ken, y supuse que ya habría terminado y regresado a Berkeley. Pero había una familia esperando en la caja y, desde mi perspectiva, pude verlo saliendo del almacén del fondo, atándose el cordel de un globo al dedo con mucho cuidado. Cuando terminó, miró la lazada, después el globo, justo por encima de su cabeza, bien sujeto a su dedo, y sonrió con candidez. Al llegar al mostrador, se lo entregó al niño que esperaba con sus padres, cuya sonrisa fue más cándida aún.

Entonces Ken alzó la vista, me vio y volvió a sonreír.

Cuando somos jóvenes, hacemos muchísimas cosas esperando que se fijen en nosotros. Nuestra manera de vestir o nuestra postura, la forma de poner la música al volumen suficiente para llamar la atención de otra persona que quizá conozca una canción. Y, además, hay cosas que hacemos cuando salimos al mundo, el mundo real lleno de adultos extraños, para explorar qué significa ser generosos o considerados. En ese instante, antes de que todos mis recuerdos se ordenaran en una secuencia narrativa, antes de que el acto de recordar adquiriera un aire desesperado, simplemente me sentí afortunado de presenciar un acto de bondad tan espontáneo, de ver a mi amigo hacer algo bueno.

En mi segundo año de posgrado, me mudé a una vieja casa junto al río Charles. Brian, mi compañero de piso, cumplía años el 19 de julio, el aniversario de la muerte de Ken, lo que no me pareció una coincidencia. Fui a muchos partidos de béisbol, esperando ver la aparición de un espectro de otra línea temporal, un estudiante de derecho japonés-estadounidense que lanzaba bolsas de cacahuetes por el bochornoso aire de Boston. Entraba en una clase que impartía y miraba a mi alrededor, esperando vernos a los dos.

Un día me di cuenta de que, al parecer, todos mis compañeros del posgrado habían aprovechado el semestre gratuito de psicoterapia que incluía nuestro plan de atención médica. Quizá, bromeó uno de ellos, había algo en la naturaleza de nuestra labor, situada en la intersección de distintos métodos y disciplinas y centrada en deconstruir neuróticamente el mito del sueño americano, que nos predisponía a ese tipo de análisis. A mí me parecía algo que la gente hacía en la Costa Este y estaba volviendo a asimilarme. Así que pedí hora.

Siempre me contaba la misma historia y pensaba que un psicoterapeuta podría ser una especie de editor que me ayudara a encontrar el tono de melodrama confesional justo. Me condujeron a un despachito del edificio sanitario. Había una mujer sentada a una mesa de apagado color gris. Detrás, tenía un estante cuyos objetos parecían escogidos con esmero y cariño, una mezcla de manuales de diagnóstico, chucherías y plantas. Era pelirroja y tenía una mirada perspicaz. No era mucho mayor que yo. Tomé asiento. «Asesinaron a mi mejor amigo —le dije—. Me fui a una *rave*, lo dejé en el balcón y unas horas después estaba muerto —continué, aún con la mochila a la espalda—. Tendría que haberme quedado. Podría haber hecho algo».

Me pidió que empezara por el principio. Le ofrecí una versión abreviada de nuestra historia. Marcharme en mitad de una conversación, mi pesar por todas las frases inconclusas, la posibilidad de que estuviera echando mi primer polvo mientras mi mejor amigo moría. ¿Era mi mejor amigo? «No estoy seguro, la verdad. Quizá. ¿Qué significa eso, para empezar?». (Toma notas). Le hablé de todos los que estaban en la fiesta, de lo demencial que era pensar que los asesinos nos habían visto ir y venir. «Es de locos, ¿verdad?». (Asiente ligeramente). ¿Le había echado una maldición al desear en mi fuero interno que no me llamara al día siguiente? (Más notas).

En el posgrado, me fascinaban las cosas que eran imposibles de resolver. Estudié teoría, lingüística, deconstrucción, la «moneda gastada» de la verdad y el lenguaje, el desafío formal y la ética implícita de representar la ruptura, la barbarie de crear arte a la sombra del sufrimiento traumático. Todas aquellas grandes ideas encerraban atractivo para mi sentido del mundo, al menos las partes de las lecturas que entendía.

Empiezas a preguntarte si las historias que te cuentas son falsas. Si hubiera sido distinto de haber muerto este amigo y no aquel. Vives anticipando siempre lo peor. Que alguien que tenía que llamarte en cuanto llegara a casa está, de hecho, muerto. Buscas en internet cómo acceder a informes de la policía, marcas unos cuantos dígitos para hablar con la comisaría más cercana. Te quedas toda la noche en vela, con la mente disparada, pero demasiado asustado para escribir lo que se te pasa por la cabeza. Puedes recordar con claridad la última vez que has visto a esa persona, cómo iba vestida, porque tienes la certeza de que está a punto de ocurrir algo horrible. Siempre habrá sucedido ya algo horrible. No eres consciente de que ya vives al filo de la tragedia. Barajas obsesivamente distintos escenarios, posibles desenlaces, aunque tu amigo esté sentado enfrente de ti. Se ha quedado sin batería en el móvil.

Algunos días me resultaba fácil hablar, imprimir un tono festivo a mi voz. Pero, más a menudo, me parecía imposible. Me trababa con una expresión sencilla o veía que un alumno no me miraba mientras explicaba alguna cosa y perdía por completo la confianza en lo que decía. Pasaba el resto del día en casa navegando por internet o escribiendo correos electrónicos.

Mientras describía mi complicidad en la muerte de Ken, la psicoterapeuta frunció el entrecejo, un gesto que me pareció innecesariamente agresivo. Era su obligación profesional sostenerme la mirada, no apartarla nunca, para responsabilizarme de lo que estaba diciendo.

¿Habría cambiado algo?, me preguntó. El hecho de quedarme o irme, ¿importaba realmente? Podría haber evitado que ocurriera, le dije. Me observó, formándose lo más seguro una opinión acertada sobre mis posibilidades en una pelea callejera. ¿No os habrían matado a los dos? Yo no lo tenía claro.

«¿Por qué crees que es culpa tuya?», me preguntó por fin. Jamás se me había ocurrido que no lo fuera. Debemos de sentirnos todos así, respondí. Estaba seguro. «¿Lo sabes con seguridad?» Por supuesto. «¿Cómo lo sabes? ¿Se lo has preguntado a alguien más?». No lo había hecho. Daba por sentado que todos nos sentíamos igual, aunque aquellos sentimientos hubieran mutado en nuestros cuerpos de maneras distintas: rabia, odio, incluso un ansia desmedida de alegría.

Me daba miedo preguntárselo a alguien más, porque, desde hacía tiempo, era el único que me había quedado atrás, forjándome una nueva imagen a partir de mi dolor. Me dijo que no era el dolor, sino la culpa, lo que me retenía, y que no servía de nada sentirse culpable, porque ¿qué podía haber hecho? La culpa no me permitía avanzar. Eran tres y al menos una pistola. Quizá fuera hora de soltar esa parte de la historia, sugirió.

No era que no lo hubiera pensado ya, pero oírselo decir a otra persona en voz alta me resultó estimulante. Llevaba años escribiendo las mismas frases, temiendo lo que pudiera venir después. «La terapia es genial», pensé para mis adentros; quizá hasta lo dije en voz alta. Era tremendamente eficaz. Solo llevábamos veinte minutos y ya había terminado. Nos quedaban diez minutos para charlar, de manera que le pregunté por sus intereses, sus motivos para dedicarse a aquella profesión, sus otros pacientes.

Cuando acabó la sesión, le di profusamente las gracias. «Me ha gustado conocerte». «Pero te has inscrito para el semestre completo —me dijo—, y sería muy recomendable que volvieras la semana que viene». No habíamos hecho más que empezar.

Supuse que quería seguir indagando porque formaba parte de su trabajo. Y regresé a la semana siguiente, temiendo una sanción. Me quité la mochila, colgué el abrigo, me pregunté de qué podríamos hablar durante treinta minutos esa vez. La sensación de bienestar había disminuido, pero aún me sentía a gusto. Hablamos de Ken y ella retomó el tema de la culpa. No entendía por qué la tenía tan arraigada. ¿Era religioso? No, respondí, más bien todo lo contrario. ¿Lo eran mis padres? Posiblemente incluso menos que yo. La religión era una de las pocas cosas que no toleraban. Empezó a hablar más despacio.

Me preguntó por mis padres. ¿Alguna vez me decían que me querían?

«No», respondí, con una risa nerviosa. «O sea, sí. Mis padres me dicen que me quieren. He dicho que no en el sentido de que..., no, ellos no son el problema».

Reformuló sus preguntas sobre mis padres y yo reformulé mi respuesta.

¿Y la presión?, se preguntaba. ¿No eran mis padres inmigrantes? ¿Me habían presionado mucho? O sea, estábamos en Harvard, ¿no?

«Bueno —aclaré—, en realidad, no quería estar aquí. En realidad, quería ir a la Universidad de Nueva York, ya sé que no te referías a eso. Solo lo comento».

Ignoré la honda preocupación de su rostro y empecé a leer los lomos de los libros de su despacho. Muchos de ellos trataban sobre el perfil psicológico único de los estudiantes que pertenecían a minorías. Guías prácticas sobre cómo orientarse en el universo emocional de la experiencia de los inmigrantes. Libros breves sobre conflictos intergeneracionales y depresión. Le recordé que estaba allí por un motivo concreto. Mi amigo ha muerto y yo sigo triste. Eso no tiene nada que ver con mi familia.

«Mis padres son geniales —dije—. No son nada típicos».

Mi madre y yo estábamos en el centro comercial el verano antes de que me fuera a estudiar el posgrado. Solo curioseábamos. Me fui a buscar zapatillas de deporte y, cuando terminé, la encontré sentada en un banco junto a una anciana blanca. Cuando me acerqué, la mujer se levantó para marcharse. Me sonrió con ternura y después miró a mi madre y le deseó lo mejor. «¿Quién era?». No lo sé, respondió ella.

Camino de la zona de restaurantes, me dijo que no la conocía, pero que se habían puesto a hablar. Del tiempo, de la panadería nueva cerca de Macy's, de cuánto había cambiado Cupertino. «He venido con mi hijo —le contó a aquella desconocida—. Les pasó una cosa horrible a él y a sus amigos». Mi madre no sabía explicar qué era lo que la había empujado a seguir hablándole de aquella tarde de julio. «Está triste y quiero ayudarlo —dijo—. No sé cómo. No sé cómo hablar con él».

Me dijo todo aquello y yo no tenía la menor ni idea de cómo responder, así que me quedé callado.

De pequeños, analizábamos el acento de nuestros padres preguntándonos cuánto tiempo transcurriría antes de que aquel indicio de su antigua vida desapareciera por completo. Sus coloquialismos se remontaban a la época de su llegada: ¿dónde había aprendido mi madre a decir que yo estaba *jiving* cuando me daba por hacer el tonto? Nos maravillaba nuestra capacidad para hablar mucho más rápido, y con una claridad que les era esquiva. Parecía inútil enseñarles giros nuevos, que ellos siempre utilizaban mal. Escribir y hablar eran habilidades que habíamos aprendido en su nombre. Pero ¿dónde nos llevarían a nosotros?

Cuando era adolescente, mi madre empezó a llegar a casa con libros escritos por personas con nombres chinos: autobiografías de médicos, inventores, incluso un periodista de rock; éxitos de ventas sobre familias que sobrevivían a la guerra y al hambre, la historia del ferrocarril, cruentos relatos de la guerra sino-japonesa; un libro de entrevistas de Bill Moyers, porque uno de los entrevistados era un estudioso del confucianismo chino-estadounidense que enseñaba en Harvard. Pruebas de que era posible aparecer en los libros, incluso con un nombre como el mío. Había escuchado todos mis sueños y temores en silencio y aquel era su modo de decirme que no estaba solo. Que jamás lo estaría. Pero, en esa época, no me identificaba con ninguno de esos libros. Pensaba que no tenía nada en común con esas personas y sus historias.

El ingenio de los inmigrantes reside en agotar todas las posibilidades. Podemos dominar los tiempos y formas verbales, las reglas gramaticales, lo que se entiende por estilo. Y, no obstante, en consecuencia, puede costarnos mantener una conversación con nuestros abuelos. Es posible que, en su fuero interno, ellos quisieran que eso ocurriera: un indicador del progreso generacional. El niño ha aprendido a expresarse y a defender sus ideas, pero también a replicar. Se escribe «bien», no «bienmente». El buen estudiante también interioriza una relación con el propio idioma, en la que es consciente de su distancia de la fuente, de aquellos que se valen de ese idioma para construir su yo verdadero, porque lo han inducido a creer que eso importa. El mero uso del pronombre «yo» o «nosotros», una perspectiva en primera persona, todo ello nos parecía un misterio. Nunca podíamos escribir de un modo que diera por sentado que quienes nos leían sabían de dónde veníamos. Nuestro contexto no tenía nada de interesante. Ni negros ni blancos, solo aburridos para todos los que estaban fuera. ¿Por dónde empezar siquiera a explicarnos?

Lo que no entendía en ese momento era que mi psicoterapeuta no estaba criticando la tenacidad y ambición de los padres inmigrantes asiáticos, sino preguntándome cómo me había convertido en la persona que estaba sentada frente a ella ese día. Yo había visto los libros de su estante y había supuesto que intentaba arrancarme historias similares a las de sus estudios de casos. Pero no se trataba tanto de la manera en la que había sido educado como de quiénes eran mis padres. Del futuro que imaginaban. ¿Quiénes les habían enseñado a ellos? Quizá sus propios padres también pensaban que lo mejor era mantenerse ocupados e intentar pasar desapercibidos.

Estaba preguntándome: ¿qué es la historia? ¿Te ves en ella? ¿Dónde encontraste tus modelos para estar en el mundo? ¿Cómo aprendiste acerca del amor, el honor, la piedad, el orgullo, la compasión y el sacrificio? Buscaba momentos clave. Quizá una sensación, una actitud ante la vida, una preferencia por ciertos timbres de risa, la manera de ladear la cabeza al prestar atención —todas las cualidades imperceptibles que se heredaban de los padres—. La forma y tamaño de mis sueños.

Aislado en la Costa Este, me distancié cada vez más de mis amigos de Berkeley. Escribía a los padres de Ken con menor frecuencia, avergonzado por cómo había desahogado mi tristeza con ellos, como si no tuvieran suficiente con la suya. No me sentía cómodo expresando mi dolor y no sabía cómo ser un buen amigo capaz de estar presente.

Siempre que sacaba viejos recuerdos del sobre, siempre que los ordenaba y los sostenía, era para rememorar una sensación, para recuperar una determinada manera de respirar. Pero un día saqué unas fotocopias con las palabras *El gatuperio de Barry Gordy* en la cabecera, el guion que habíamos escrito inspirándonos en *El último dragón*. Vi que eran más páginas de las que recordaba. Ken me había hecho fotocopias y había conservado el original en su cuaderno. Yo no había llegado a leerlas.

La trama era sencilla: el encaprichamiento de un chico con una chica, los diversos malentendidos y tribulaciones que debía superar para encontrarse por fin a sí mismo. No recuerdo si conseguía o no a la chica. Pero sí recuerdo pensar que trabajar en la película solo era una excusa para pasar tiempo juntos, una manera de prolongar nuestros chistes y bromas particulares. De hecho, jamás encontramos a nadie que tuviera cámara.

Un posible título alternativo: *El club de los fracasados*. Los personajes principales éramos Dave («incomprendido»), Paraag («cabecilla»), James («novia formal»), Ken y yo. Ken escribió los temas centrales de la película: «chicas», «amigos», «padres». Recuerdo el momento en el que se dio cuenta de que sus expectativas sobre el mundo, su deseo de pertenencia, su fe en la caballerosidad y el esfuerzo, habían surgido de las *sitcoms* que veíamos de niños. Hay una lista de todas las que recordábamos, con flechas que apuntan a «supremacía blanca». En nuestra película, el chico acaba fatal porque ha interiorizado todas esas lecciones y da por sentado que los finales felices son para todos. Toma como modelo de comportamiento a los personajes de televisión y no tiene la menor idea de quién es en realidad. En los márgenes, Ken había esbozado su filosofía, ideas sueltas y observaciones en torno a la identidad asiático-estadounidense. Citas textuales de *El último dragón*, nuestro texto canónico. Sus ambiciosas teorías sobre cómo habíamos aprendido a ser nosotros mismos. ¿Dónde podíamos buscar modelos para nuestro futuro en Estados Unidos?

Por alguna razón, me asignó el papel del chico. En la primera escena, James y yo pasamos por delante del Campanile, la torre del reloj del campus, y yo le hablo de una chica que me gusta mucho. La conoce. Dice que nos presentará, ya que carezco del don de gentes necesario para hacer nada por mi cuenta. Y, en efecto, la chica aparece. Me levanto para hablar con ella, pero la correa de la mochila se me engancha con el borde de una mesa y me caigo al suelo. Se crea una situación incómoda. El diálogo que escribió Ken está inspirado en nuestras conversaciones: «No creo en la atracción física», lo que, sobre el papel, resultaba completamente ridículo. Hay una escena de una fiesta donde la chica que me gusta me vomita en el regazo, lo que suscita una serie de divagaciones acerca de la «cultura de masas» y *Sobre verdad y mentira en sentido extramoral* de Nietzsche.

Había olvidado cuánta parte del guion te tomaste la molestia de escribir. No recordaba lo pequeña que podía ser tu letra, cómo siempre daba la impresión de que tus «C» intentaran tragarse las letras que seguían. Pero sí recuerdo vértelo escribir todo en tu cuaderno, y lo extraño que era darme cuenta de que estabas poniéndome en palabras. Los gestos y peculiaridades que habías observado, cómo identificabas mi sinceridad disfrazada de sarcasmo como lo más auténtico y destacado de mí. Y recuerdo que quería parecerme más a la persona de la página.

Hacia la mitad del guion, la cosa se pone rara. Aparecen risas enlatadas. Hay montajes parodia, gags absurdos. Una cena romántica se tuerce de la manera más previsible. Me comporto como un capullo porque uno de mis amigos me dice que es lo que las chicas quieren en el fondo. Salgo a abrir la puerta vestido como un tipo blanco del que antes me he burlado: llevo una camisa hawaiana y chanclas. Suena «Crash into Me». Ofrezco a mi cita comida para llevar como si la hubiera preparado yo. De algún modo, provoco un incendio en la cocina y, mientras lo apagamos, me burlo de su preocupación. El amor de mi vida decide irse a casa. «Esto no es una *sitcom*», dice, y un público pregrabado exclama: «Ohhh».

Y entonces apareces tú. Estamos estudiando en un café. Eres el amigo guay y escéptico. (Definitivamente, esto fue idea tuya). Eres el que siempre tiene algo enigmático que decir.

Te embarcas en un monólogo sobre cómo nos han socializado. ¿Dónde supimos del sueño americano? ¿Qué figuras de referencia teníamos a nuestra disposición? Pontificas sobre la importancia de Michael Chang. ¿Son las lecciones que nos transmiten los libros, las películas o la televisión aplicables a nuestra vida de niños asiáticos con padres asiáticos, o nos hacen sentir inferiores? ¿Por qué siempre nos esforzamos tanto por demostrar nuestra inteligencia, por satisfacer expectativas que no son las nuestras? Quizá sea todo una trampa. ¿Por qué buscamos ayuda cuando está por todas partes? No somos hombres sin una cultura. Solo tenemos que crearla nosotros.

Esas eran nuestras conversaciones. Intentabas explicar de dónde veníamos. Cómo habíamos aprendido qué significaba ser guais o normales, cómo luego adoptábamos esas actitudes para servirnos de modelo el uno al otro. La intensidad con la que queríamos y admirábamos a nuestros padres, pero lo que podían enseñarnos tenía un límite. ¿Quién necesitaba figuras de referencia cuando nos teníamos el uno al otro? Por aquel entonces, no me di cuenta de que estabas escribiendo una película sobre nuestra vida. No recuerdo si había más páginas que estas o si abandonamos por completo la idea, o si tú continuaste sin mí. Quizá seguiste soñando.

Describías a personas que aún no conocíamos —personas, quizá, en las que nosotros nos convertiríamos—. Buscabas un recipiente para todas nuestras bromas, todas las tonterías que habíamos visto y hecho, para que no las olvidáramos jamás.

Tal vez habría ido a Nueva York y no a Boston. Tal vez habría ido a Boston y por fin habríamos vivido juntos. Quizá solo era cuestión de tiempo que acabáramos distanciándonos. Habríamos continuado con nuestra vida, acordándonos el uno del otro cuando sonara una canción durante una película, en la radio o en cualquier tecnología impredecible que nos procurara belleza. Yo jamás habría tenido un motivo para recordar todo esto. Quizá ni tan siquiera me habría dedicado a escribir. Durante todos esos años, el atractivo había sido la posibilidad de que la asíntota se encontrara algún día con la línea curva. Al principio, darme cuenta de que jamás podría obligarlas a tocarse me pareció una tragedia; más adelante, me reconfortó imaginar que la línea recta y la curva podían continuar para siempre. Avanzan en la misma dirección, aunque nunca se toquen.

Quizá, en las otras historias que empezara a contarme, lo único que escribiría serían correos electrónicos después de una derrota de los Padres. Nos despedimos de la misma forma: «Sé tú mismo». La broma que dio origen a la frase se ha perdido en el tiempo, pero aún recuerdo el complicado saludo que la acompañaba. «Sé fiel a tus principios», más adelante abreviado como «Sé tú mismo». Fiel a ti mismo. Fiel a la persona en la que podrías haberte convertido.

Al final de aquel semestre de terapia gratuita, estaba muy cansado de hablar de mí. Estaba cansado de mí. Todas las semanas, acudía obedientemente porque era lo que se suponía que debía hacer y volvía a poner en tela de juicio lo que fuera que hubiera tratado la semana anterior. Recordar los detalles de aquella noche la desmitificó, al menos en lo que respectaba a mi participación. Mejor dicho, mi no participación, porque ¿cómo podría haber terminado de otro modo? Aquello solo era el intento del historiador de colarse en una historia que no era suya.

Hablar tanto no sirvió para mitigar el hecho de que te echaba de menos, pero ahora era capaz de periodizar diferentes épocas de ese sentimiento. «Echo de menos echarte de menos en octubre de 1998 —escribí en mi diario—. Echo de menos no estar siempre en guardia, echo de menos salir de noche a cenar, echo de menos tu balcón y cultivar el hábito de fumar solo a ratos».

Echaba de menos la sensación de haber sabido exactamente qué decir una vez. De escribir una serie de frases perfectas. En cierto modo, aún estaba, años después, bajando del estrado de la funeraria, regresando despacio a mi sitio en el banco, entre Anthony y Sean. No obstante, por eso precisamente se resistía Derrida a la fórmula del elogio fúnebre. Siempre trata de «mí» más que de «nosotros», del esfuerzo del orador por subrayar la autenticidad de sus emociones en vez de ofrecer un relato fiel de la vida del difunto.

Ese relato fiel sería necesariamente alegre, en vez de taciturno, y entregarme a la alegría no significaría que estuviera abandonándote. Sería una celebración de los comienzos, más que una crónica de las caídas en picado, un homenaje al primer sorbo, más que a todos los mareos que siguieron. Sería un relato de amor y deber, no solo de ira y odio, y estaría cuajado de sueños, y del recuerdo de haber mirado al futuro, y de las ganas de volver a soñar. Sería aburrido porque solo habría que estar ahí. Sería poesía y no historia.

Nuestra sesión estaba a punto de terminar. Le dije a la psicoterapeuta que me había ayudado mucho. La oportunidad de oírme decir aquellas cosas en voz alta en un anodino edificio de oficinas me había hecho sentirme completamente ridículo. Yo era una persona legendaria por su egocentrismo. Siempre era el primero en echar a correr al menor problema. ¿Qué podría haber hecho? Pero ella me había ayudado a reorganizar parte de mi mobiliario mental. Ahora sabía lo que tenía que hacer, le dije. Tenía que hallar el modo de describir el olor a tabaco impregnado en la franela, el sabor de las tortitas con fresas y azúcar en polvo de la mañana siguiente, la caricia del sol en un determinado tono de castaño dorado, la honda ambivalencia que una vez sentí hacia una canción que ahora me destrozaba, el momento en el que un par de botas viejas pasan de nuevas a desgastadas, el sonido de nuestra cinta de mezclas para la semana de los exámenes finales llegando al final. Qué metáforas eran útiles y cuáles no, qué explicar y qué mantener en secreto. La expresión de una persona cuando nos reconoce.

Voy a escribir sobre todo eso algún día, le dije, y ella me sonrió.

Agradecimientos

Para los Ishida. Para Anthony, Gwen y Sammi; Paraag, Sean y Dave; Derrick, Charles, BMP, Mira, Alec y Momo. Gracias a todos por escucharme y por todo lo dicho y no dicho. Para Irami; Ben y Tony; Jen y Rosa; Henry, Zubin, Joe y Sigma Alpha Mu, Grace, Kathy y Crosley. Gracias a Nate, Eric y Chinatown, James, Kiwa, Susie, Ussuri y Alicia; Ray y Seth; Eddy y los alumnos de San Quintín; Bernice, DHY y Harish; Rogin; AYP / RYP / REACH!, el equipo del fanzine de Davis y Regent House, las plantillas de *Slant* y *Hardboiled*.

Carol me mostró una imagen de paz, Zeke una razón para el futuro. Gracias a Willa, que jamás leerá este libro. El amor por mi familia trasciende las palabras.

Este es un libro sobre ser un buen amigo, lo que solo puede decirse de mí en contadas ocasiones. Las siguientes personas son o han sido buenas amigas mías y les estoy agradecido por su camaradería, fe y paciencia: PLO, O-Dub, Jazzbo, Jon, DCT y Zen; Ed; los Mao; Sonjia; Salamishah, Chinnie y Rich; Kris y Sarah; Ami; Kirby, Ken y Herb; Josh y Sarah; Piotr y Kate; Willing, Haglund, Remnick y Wallace-Wells. Bill H., Jay, Sukhdev, SFJ, Julian, Ross, Paul y Lauren me ayudaron a superar obstáculos que no sabía que existían. Las conversaciones con estas personas me desvelaron misterios: Kiese; Scott S.; Mitch, Eric y Sana; Shinhee; John alias Grand Puba; Cool Chris; Mikey; Amanda; Sake One y Heather. Gracias a mis alumnos por ser mis profesores.

Llevo más de veinte años escribiendo esto. Pero no se convirtió en un libro hasta que mi agente Chris lo vio como tal. Le estoy agradecido. Gracias también a Sarah y al resto de la Gernert Company. Jamás habría sido capaz de ponerlo finalmente todo por escrito sin el apoyo y el aislamiento del Centro Cullman de la Biblioteca Pública de Nueva York. Thomas, de Doubleday, se merece pasar a la posteridad. Tengo la suerte de trabajar con una persona que ahora también es mi confidente. Una de sus genialidades fue fichar a Oliver, cuyo diseño me ayudó a descubrir algo nuevo de mi historia. Gracias a Johanna, Elena, Lindsay, Cammi y el resto del increíble equipo de Doubleday.

Este libro se terminó de imprimir
en los talleres de Liberdúplex,
en Sant Llorenç d'Hortons (Barcelona),
en febrero de 2024